Kira Klenke

Finde deinen Seelenpfad

Kira Klenke

Finde deinen Seelenpfad

Das Soulpath-Training

NEUE ERDE

Haftungsausschluss
Die in diesem Buch veröffentlichten Ratschläge und Übungen wurden sorgfältig erarbeitet und haben sich in der Coaching-Arbeit bewährt. Sie ersetzen keine medizinische Diagnose, ärztliche Verordnung oder Behandlung; auch nicht den Besuch bei einem Arzt oder Heilpraktiker. Nutzer der hier vorgestellten Methodik handeln in eigener Verantwortung. Jegliche Gewährleistung oder Haftung der Autorin oder des Verlags für die Nutzung und Befolgung der Ratschläge und Übungen aus diesem Buch sind daher ausgeschlossen.

Bücher haben feste Preise.
1. Auflage 2018

Kira Klenke
Finde deinen Seelenpfad

Titelseite:
Foto: Milosz Aniol/shutterstock.com
Gestaltung: Dragon Design, GB

Satz und Gestaltung:
Dragon Design, GB
Gesetzt aus der Janson Text

Gesamtherstellung: Appel & Klinger, Schneckenlohe
Printed in Germany

ISBN 978-3-89060-726-9

Neue Erde GmbH
Cecilienstr. 29 · 66111 Saarbrücken
Deutschland · Planet Erde
www.neue-erde.de

MIX
Papier aus verantwortungsvollen Quellen
FSC® C100257

Inhalt

Einführung

Einklang mit dem Seelenruf

Jeder Mensch hat einen ihm bestimmten Seelenpfad. Eigentlich sollten wir ihm ganz automatisch so folgen, wie zum Beispiel die Zugvögel, wenn sie intuitiv den Weg von Europa zu ihrem Winterquartier in Afrika finden. Das tun wir jedoch aus verschiedensten Gründen oft leider nicht. Wenn dann der tatsächlich beschrittene Lebensweg zu sehr vom ursprünglichen, natürlichen Seelenpfad abweicht, wird das Leben schwer und (unnötig) anstrengend. Dieses Buch möchte dich dabei unterstützen, deinen persönlichen Seelenpfad zu entschlüsseln und ihm zu folgen.

Dein Lebensweg kann magisch und voller Freude sein. Träume werden wahr, wenn du dem folgst, was dein Herz und deine Seele sich wünschen. Dein Leben und Wirken entwickeln sich dann spürbar kraftvoller, erfolgreicher und erfüllender. Glaube an die Schätze in deinem Inneren und begib dich auf die Suche danach – und auf die Suche nach deinem Seelenruf.

> Deine Seele führt dich an einen Ort, mit dem du ganz vertraut bist. Es ist ein Ort, der dir, auch wenn du ihn nicht bewusst wiedererkennen solltest, dennoch so vertraut ist, dass er sich anfühlt, als würdest du nach Hause kommen.
>
> Tom Bird in »Write from God«

Bist du bereit, dein Leben »upzugraden«? Bist du bereit dafür, dich selbst neu kennenzulernen? Bereit, bisher ungenutztes Potenzial freizulegen? Und bereit dafür, endlich das Leben deiner Träume zu führen?

Dieses Buch könnte dein Wegweiser sein. Es wurde für dich geschrieben, um dich zurück auf deinen ursprünglichen Seelenweg zu leiten. Das SOULPATH-Training kann dir helfen, dein Leben neu zu definieren: glücklicher, zufriedener und vor allem freier.

Ein Buch mit leeren Seiten

Vor zwanzig Jahren habe ich in einem Buchladen per Zu-Fall »Das Buch der Leere« von Osho entdeckt. Als ich es aufschlug, war ich verblüfft, dass es komplett leer war, mehrere Hundert Seiten lang leer. Jedoch dann habe ich spontan gedacht: »*Das* ist es! Dieses Buch sollte ich wirklich einmal lesen!« Ich habe es damals nicht erstanden und hatte den Vorfall kurz danach wieder vergessen. Trotzdem habe ich diesen Moment der totalen Verblüffung, als ich damals ahnungslos das Buch im Laden aufschlug, sowie den unmittelbar folgenden Aha-Moment bis heute nicht vergessen.

»Das Buch der Leere« ist 1995 erschienen und wird mittlerweile nicht mehr aufgelegt. Beim Onlinehändler Amazon findet man jedoch noch heute Leserrezensionen. Das folgende Zitat stammt aus einer von 2004*: »Dieses Buch ist wohl das merkwürdigste Buch, das ich mir jemals

* http://www.amazon.de/dp/3909910033, letzter Abruf 20.7.17

gekauft habe. (…) ich kaufte, ohne dass ich mir das Buch vorher angesehen hatte. (…) als ich es zu Hause öffnete, wollte ich nicht glauben, was ich dort sah! Dieses Buch war mir wirklich eine besondere Lehre und ließ mich fortan alle Dinge besser verstehen. (…) In diesem Buch steht einfach *alles* und *nichts*!«

Auch das Buch, welches du gerade in der Hand hältst, ist auf manchen Seiten (scheinbar) leer. Denn dieses Buch möchte seine Leser ganz individuell anleiten und begleiten. Wie das funktionieren soll, fragst du dich jetzt vielleicht. Nun, zum einen durch die Texte, die es enthält und die für alle Leser gleich sind und die doch für jeden eine andere Bedeutung haben. Das ist so ähnlich, wie es beispielsweise bei Tarotkartensets und den zugehörigen Erklärungsbüchern ist. Natürlich haben die einen festen Text. Trotzdem bieten sie, in einer Problemlage befragt, individuell und maßgeschneidert Hilfe. Es ist sogar so, dass, wenn derselbe Mensch in verschiedenen Situationen dieselbe Karte zieht, diese und der zugehörige Erklärungstext jedes Mal eine leicht andere Bedeutung haben kann – und damit dann auch andere Konsequenzen für ihn oder sie.

Ergänzend gibt es in diesem Buch die leeren Seiten. Dies sind (auf den ersten Blick) leere Seiten an solchen Stellen, wo ein einheitlicher Text den individuellen Bedürfnissen des Lesers nicht mehr gerecht würde. Diese leeren Seiten bergen jeweils eine für jeden Leser, jede Leserin maßgeschneiderte Botschaft. Du, als Leser oder Leserin, kannst diese dort individuell für dich abrufen. Wie das genau im einzelnen funktioniert, wird später für jede der leeren Seiten, von denen jede eine andere Funktion hat, genau erläutert.

Das SOULPATH-Seelentraining: Deinen persönlichen Seelenpfad entschlüsseln

Dieses Buch wird dich dabei unterstützen, den Kontakt zu deiner Seele aufzunehmen und zu vertiefen. Es unterstützt dich dabei, deinen persönlichen Seelenpfad zu erkennen und ihm zu folgen.

> Platon sagt, dass wir uns in jeder Reinkarnation ein »Los« wählen, eine Bestimmung oder ein Schicksal, dass es zu erfüllen gibt. Die Seele erinnert sich an das Los, obwohl die Persönlichkeit es bei der Verkörperung vergessen hat. (...) Ich bin davon überzeugt, dass sich die Seele absichtlich die Persönlichkeit und Talente aussucht, um damit ihre Bestimmung zu manifestieren.
>
> Tanis Helliwell, »Mit der Seele arbeiten«

Dieses Unterfangen gestaltet sich bei jedem Menschen anders. Vielleicht wäre dafür deshalb auch ein solches für unsere physischen Augen (scheinbar) leeres Buch am besten geeignet.

Oft sind die Teachings von spirituellen Meistern am nachhaltigsten, wenn diese (scheinbar) schweigen. Da das jedoch nicht sehr viele Menschen verstehen oder gut aushalten können, reden die meisten großen Meister mit ihren Zuhörern und beraten sie. Sofern der Zuhörende sensitiv genug und offen dafür ist, spürt er oder sie aber auch dann, dass das Wesentliche jenseits der Worte transportiert wird.

Mit den SOULPATH-Prozessen in diesem Buch kannst du dir selbst weiterhelfen, wenn…

- du innerlich spürst, dass es Zeit wird für eine Lebensveränderung (egal in welchem Bereich);
- du dich aus einer Beziehungs-, Berufs-, Sinn- oder Gesundheitskrise befreien willst;
- du neuen Mut brauchst, um alte Ängste, Denk- und Verhaltensmuster hinter dir zu lassen; den Mut für einen Schritt, von dem du vielleicht schon lange weißt, dass er ansteht;
- du auf der Suche nach einem Lebenspartner, nach einem neuen Ort zum Leben oder einer neuen beruflichen Tätigkeit bist;
- du auf der Sinnsuche bist und dich fragst, was geschehen müsste, damit dein Leben erfüllender wäre;
- du dich fragst, ob und wie es möglich wäre, mit dem, was du liebst und was dir liegt, Geld zu verdienen;
- du das Gefühl hast, du »stehst neben dir«, etwas ist mit dir oder deinem Leben nicht in Ordnung;
- du dich unglücklich fühlst, erschöpft oder gestresst;
- du neue Zuversicht, neuen Schwung, mehr Zufriedenheit oder Lebendigkeit suchst;
- du eine Entscheidung treffen musst oder willst;
- du das volle natürlich in dir angelegte Potential aktivieren oder eine Zukunftsvision verwirklichen möchtest.

Durch das Arbeiten mit den leeren Seiten wirst du neue Impulse für dein Leben ebenso entdecken wie neue Wahlmöglichkeiten. Du findest den für dich richtigen Platz im Leben. Deine Zufriedenheit, deine innere Sicherheit und äußere Ausstrahlung werden wachsen.

Dieses Buch möchte da berühren, wo die wahre Essenz sitzt, im Herzen, im wahren Sein, in den tiefsten Träumen. Es möchte helfen, alte Wünsche, tiefe Sehnsüchte, Träume und auch Potentiale wieder zum Leben zu erwecken. Durch seinen besonderen Aufbau bringt es dir genau die Informationen, die du jetzt gerade für deinen Lebensweg brauchst. Die Hinweise finden sich zum Teil ausformuliert im Text. Zum Teil findest du sie aber auch mit Hilfe der leeren Seiten in dir selbst. Damit kannst du dann genau die Hinweise, die Botschaften, die Ermutigungen, die inneren Bilder oder Symbole erhalten, die du jetzt gerade benötigst; und auch das, was du brauchst, um in die Umsetzung und in Bewegung zu kommen.

Fasse das Buch bitte einmal bewusst an. Lege dazu eine Hand auf die Vorder-, die andere Hand auf die Rückseite des Buches und spüre. Vielleicht kannst du jetzt schon seine spezielle Schwingung fühlen.

Dieses Buch möchte dir neuen Mut geben und einen neuen inneren Kompass. Auf der verzweifelten Suche nach einer Lösung, nach einem Ausweg oder nach dem für dich stimmigen Lebensweg hast du vermutlich schon viel nachgedacht, geplant, konstruiert und auch agiert. Vielleicht gerade dadurch, durch ein Zuviel an Denken und Tun, hast du die Verbindung zum eigenen Seelenplan verloren. Um dich selbst zu erfassen, musst du innehalten. Dann kannst du spüren, dass dein Seelenplan ganz nah bei dir ist. Er ist (und war immer) direkt vor deiner Nase. Er ruht in der Mitte deiner Brust, in deinem Herzen. Er ruft dich schon so lange. Er steckt in dem, was du dir heimlich erträumst, in dem, was du schon immer einmal versuchen oder angehen wolltest. Und in dem, was sich bei dir meldet, sobald du zur Ruhe kommst, beispielsweise dann, wenn du allein bist, draußen in der Natur, im Urlaub oder wenn du meditierst.

> Suche Stunden der Sammlung, damit die Seele zu dir sprechen kann.
>
> Albert Schweitzer

Der Zugang zu deinem Seelenplan ist leichter, als du es vielleicht jetzt noch für möglich hältst. Und die Welt braucht Menschen, die aufwachen zu dem, was ihr wahres Potential ist. Sie braucht Menschen, die sich nicht abspeisen lassen mit Vorgekautem. Sie braucht Menschen, die träumen, die erfinderisch sind, die andere beruhigen, schützen und unterstützen, die lachen und fröhlich sind. Denn Lachen und Frohsinn hebt das kollektive Energiefeld an, macht es lichter und leichter. Die Welt braucht Menschen, die sich für die Tiere einsetzen und die Natur. Sie braucht Menschen, die verstehen, dass die Kinder unsere Schätze sind. Dass wir der nächsten Generation das Vertrauen in die innere Weisheit und Wahrheit vermitteln und vorleben sollten sowie das Lauschen auf die Wahrheit hinter dem, was offensichtlich ist.

Dann werden auch mehr Menschen verstehen, dass Tiere mehr sind als nur Futterlieferanten und Wälder

und Flüsse mehr als lediglich Holz- oder Stromlieferanten, viel mehr. Dann werden immer mehr Menschen erfassen, dass die Weisheit der Natur, der Tiere, der Berge, der Sterne und der Kinder wichtiger werden wird, viel wichtiger in Zukunft. Solche Menschen werden dann auch ihr eigenes inneres Kind* erkennen. Sie werden es achten, es lieben und ihm helfen, seine alten Wunden zu verarzten und zu heilen. Sie werden es förmlich aufrichten, um sich dann umgekehrt auch von ihm aufrichten, heilen, stärken und inspirieren zu lassen.
Im diesem Buch findest du auch eigene Erlebnisse der Autorin, die beispielhaft illustrieren, wie sich die beschrieben Prinzipien konkret im Leben eines Menschen manifestieren können. Auch du selbst wirst zwischendurch immer wieder die Inhalte, Botschaften und Weghinweise auf deine persönliche Art ergänzen. Dazu dienen das Konzept der leeren Seiten und das Konzept des silbernen Fadens. Hier benötigst du einen silberfarbenen Filzstift und einige Buntstifte.

Gehe die praktischen Schritte möglichst entspannt und verspielt-kreativ an. Du wirst merken, wie dir der Zugang

* Das Konzept des inneren Kindes steht für den Bereich unserer Psyche, der aus Erinnerungen an die Kindheit besteht, aus kindlichen Erfahrungen und Empfindungen. Seit den 1990er Jahren haben sich verschiedene Ansätze der »Inneren-Kind-Arbeit« entwickelt, in der es darum geht, alte Verletzungen oder auch Traumata zu heilen. Und es geht darum, den Zugang zu unseren kindlichen Ressourcen wie Forschungseifer, Spontanität, Begeisterungsfähigkeit, Natürlichkeit oder vorurteilsfrei und präsent im Jetzt sein zu können, wiederzufinden.

mit jedem Mal leichterfallen wird. Die Botschaften und Impulse, die du dabei erhalten wirst, sind einzigartig und maßgeschneidert für dich. Jeder Mensch besitzt den intuitiven Zugang zu höherem Wissen. Diese Fähigkeit wird leider in unserer Gesellschaft viel zu wenig vermittelt und genutzt. Dennoch ruht sie nur und steht für dich bereit, sobald du dich ihr zuwendest.

Lass uns loslegen

Willkommen zum SOULPATH-Training! Dies ist dein Buch, und du hast – egal, ob dir das nun bewusst ist oder nicht – schon so lange auf das, worum es hier geht, gewartet, deshalb soll es jetzt fix gehen. Schnell und leicht verdaulich wird sie sein, diese Botschaft, die schon so lange zu dir will. Sie muss auch möglichst schnell hinein in dein System, bevor dein rationaler Verstand, dein Intellekt die Chance hat, wieder dichtzumachen. Denn das geht sehr schnell, oft leider viel zu schnell: Wichtige Alltagspflichten rufen, und ruckzuck verlierst du ihn wieder aus den Augen, deinen wahren Weg.

Das geschieht unabhängig davon, wie lange und verzweifelt du schon nach deiner Wahrheit und nach für dich wahrhaft stimmigen Weghinweisen durchs Leben gesucht hast. Dein Herz hat Jahre lang danach gerufen. Und du hast gedacht: »Dann wird endlich alles anders!«

Jedoch, es muss (und wird) sich gar nicht unbedingt alles verändern, weil im Grunde alles bereits schon perfekt ist so, wie es ist. Aber du wirst dann die Dinge mit anderen Augen betrachten. Ab morgen schon, wenn du willst. Du wirst mit anderen Ohren hören, eine andere Wahrnehmung haben und ein anderes Herz. Ein ganzes Herz für dich und andere, für alles, was ist. Du hast dann eine neue Perspektive eingenommen, könnte man sagen, aber auch das drückt es nur unzureichend aus.

> Nichts ändert sich, bis man sich selbst ändert.
> Und plötzlich ändert sich alles.
>
> Unbekannt

Das Unterfangen ist einerseits leicht, weil es deine Seele ist, die dich einen ganzen Weg führt, der maßgeschneidert ist nur für dich. Sie weiß genau, wie sie dich am besten erreichen kann. Sie weiß, was du brauchst, um am schnellsten zu heilen und zu wachsen. Aber mache dir auch bewusst, dass unser rationaler, intellektueller Verstand solch intuitives Fließen überhaupt nicht mag. Selbst wenn er jetzt zustimmt und vielleicht sogar denkt: »Au fein, das ist doch der Weg, den ich schon so lange gesucht habe. Das ziehe ich jetzt durch!«

Unser Intellekt ist wertvoll und wichtig, in allen Lebensbereichen und auch auf dem spirituellen Weg, und natürlich auch bei einem Lernprozess wie dem SOUL-PATH-Training. Die Frage ist hier unter anderem, wer ist eigentlich das »Du« bzw. das »Ich«, das sich da so sehnt? Bist »du« das, was du denkst? Machen deine Gedanken, dein Grübeln, dein Planen und so weiter dich und dein wahres Wesen aus? Ich vermute, wenn du dieses Buch in Händen hältst, weißt du, dass das nicht so ist.

Aber wer bist »du« dann, wenn du diesen Weg gehst, den Weg zurück zur natürlichen Seelenqualität, die dir schon so lange fehlt? Dies ist der Weg zu einer Lebensqualität, die das beinhaltet, was du schon lange vermisst, auch wenn du vielleicht nicht genau benennen kannst, was dir fehlt. Auf diesem Weg hemmen intellektuelle Planung und Kontrolle, deshalb wird es unterwegs nicht immer leicht sein, konsequent am Ball zu bleiben.

Dabei ist der Weg de facto einfach, wenn du Schritt für Schritt dem folgst, was du hier liest. Während du die leeren Seiten füllst, wirst du merken, wie sich allmählich dein Herz öffnet und wie du dich dabei »ganz« und irgendwie vollständiger fühlst. Um aber die neuen Erkenntnisse in dein Leben und in deinen Alltag zu integrieren, brauchst du nicht zuletzt auch Entschlossenheit und etwas Disziplin. Dafür ist dann auch die Kraft deines rationalen Verstandes erforderlich.

Dies ist ein Weg auf einem schmalen Grat. Das ist deshalb so, weil unsere eingefleischten, automatisierten Denkmuster und Grübeleien die zarten neuen Gewebe immer wieder aufbrechen und zerstören. Mache dir bitte, wenn du das bemerkst, keine Vorwürfe, denn das passiert allen Menschen so. Du tust dein Bestes und kämpfst um deine Freiheit und für deine Befreiung schon so lange. Und jede Krise, jeder Rückschlag, jeder Erfolg, alles was du erreicht hast und je erreichen wirst, hat alles stets im »großen Plan« seinen berechtigten Sinn.

> (...) oft werden körperliche Schmerzen oder andere Arten von Widerstand fälschlicherweise als Hemmnisse verstanden. Sie sind in Wirklichkeit und von Natur aus richtungweisend. Sie weisen uns die Richtung, in die wir gehen müssen, um unseren nächsten Schritt auf dem Weg zu tun, der uns irgendwann zu unserem eigenen Topf voller Gold am Ende des Regenbogens führt.
>
> Tom Bird in »Write from God«

Nicht nur du selbst zerstörst dieses zarte neue Gewebe zwischenzeitlich immer einmal wieder. Das machen auch die anderen Menschen um dich herum. Ihr Denken, ihre Gedanken, ihr Stress, die Hektik, Ängste und die Verirrungen all der anderen Menschen um dich herum bilden ein starkes Feld, das ständig auf dich wirkt. Denn auch sie ergeben und unterwerfen sich, weil sie es nicht anders wissen, den scheinbar unveränderlich gegebenen Umständen. Sie nähren damit täglich etwas, das gegen das läuft, wohin du dich eigentlich bewegen möchtest. Es ist, als müsstest du gegen den Strom schwimmen, aber du kannst es schaffen! Leicht sogar, sobald du erkannt hast, dass nicht du es schaffen musst, sondern deine verlässliche innere Führung, der du dich stets anvertrauen kannst. Diese einzigartige, kraftvolle Hilfestellung steht schon lange für dich bereit.

Du kannst sie beispielsweise erfahren, wenn du dieses Buch jenseits der Worte zugleich auf der Ebene der Schwingung erfasst. Vielleicht experimentierst du ein bisschen damit. Finde dafür deinen persönlichen Zugang. Falls du jetzt noch unsicher sein solltest, versuche es spielerisch wie ein Kind: Tu einfach so, als ob du schon wüsstest, wie es dir gelingt.

Wenn du den Zugang zu deiner wahren Energie, zu deiner Seelenqualität gefunden hast oder sie ein Stück weit erahnst, sei dir gewahr, dass du diese Verbindung höchstwahrscheinlich im Alltagsgeschehen erstaunlich schnell wieder vergessen und damit dann auch wieder (zumindest für eine gewisse Zeit) verlieren wirst. Das ist leider so und glücklicherweise nicht weiter tragisch, solange du dich möglichst oft, am besten täglich, bewusst immer wieder dorthin orientierst.

Den zarten, kostbaren Faden verliert man leicht. Schon ein kurzer alltäglicher Gedanke wie »Was will ich denn heute kochen?« reicht aus. Alles, was dich mental in deinen gewohnten Alltagstrott zurückbringt, schafft es in Bruchteilen von Sekunden, meist ohne dass du es auch nur bemerkst. Der Seelenfaden ist so fein wie ein Traum, an den du dich vielleicht morgens beim Aufwachen noch erinnerst, aber der, sobald du aufgestanden bist und dir die Zähne geputzt hast, wie weggeblasen ist.

Die Feinstofflichkeit ist eine Herausforderung beim SOULPATH-Seelentraining, denn diese Botschaft ist feinstofflich. Dieses Buch enthält mehr als nur Worte auf Papier. Es enthält mehr als nur Informationen für deinen Verstand. Es bietet Befreiung auf eine so einfache, schnelle, leichte Weise, dass du es vielleicht gar nicht glauben magst. Dafür hätte es genauso gut auch leer sein können, völlig leer, denn seine Schwingung, seine feinstoffliche Information stammt aus einer Quelle jenseits der Worte.

Ein (für den Intellekt) komplett leeres Buch wäre wohl angemessener gewesen, weil du dann auf seinen Seiten wirklich genau das lesen oder finden könntest, was du benötigst für deinen Weg. Aber wer von euch, wer von uns hat schon gelernt, solch ein Buch zu lesen?

Kira: »So habe ich das erlebt«

In einem Retreat mit dem international bekannten, italienischen Meister Raphael sagte er sinngemäß zu uns: »Eigentlich könnten wir hier zusammen sitzend genauso gut auch schweigen. Für eine Stunde oder zwei. Oder auch für einige Tage. Denn das, was ich mit euch teilen möchte, das höchste Licht und Zustände, wo alles durchdringender Geist wirkt, das würde euch auch erreichen, wenn ich schweige. Sogar deutlicher wirksamer, als wenn ich, wie ich es jetzt tue, laut zu euch spreche und ihr dann als Reaktion auf meine Worte angestrengt nachdenkt.«

Und es gibt tatsächlich Meister, wie beispielsweise die in Deutschland lebende indische Meisterin Mutter Meera, die nur schweigen, wenn sie mit ihren Schülern zusammen sind. Vor vielen Jahren bin ich zum ersten Mal zu einem Darshan zu Mutter Meera nach Thalheim gefahren. Auf der Homepage von Mutter Meera wird erklärt: »Während des Darshans bringt Mutter Licht in die Seele und beantwortet individuelle Gebete. (…) [die] Mutter [schaut dabei] in die Augen jeder Person und füllt sie mit Licht. (…) All dies geschieht in absoluter Stille, ohne ein gesprochenes Wort. Nach dem individuellen Darshan gehen wir zurück auf unseren Platz, um uns in der Stille *innerlich auf das Göttliche auszurichten, zu beten oder zu meditieren.«*

Ich war damals über zehn Jahre auf dem spirituellen Weg und meditationserfahren. Trotzdem war diese Veranstaltung für mich eine Herausforderung. Meinem Verstand war es ehrlich gesagt streckenweise langweilig: So lange nur in absoluter Stille zu sitzen und zu warten, bis alle Anwesenden, das waren Hunderte, einzeln ihren persönlichen Darshan bei der Mutter bekommen hatten. Neulingen hatte man einen Sitzplatz relativ weit vorne in der Nähe der Mutter zugeteilt, was eine größere Nähe zu ihrer Präsenz bedeutete. Dadurch war auch sichergestellt, dass wir Neulinge unseren Darshan relativ bald bekamen. Danach kamen ja aber immer noch all die anderen Menschen dran, auch alle in Stille. Meinem Verstand war es, wie gesagt, streckenweise richtig langweilig. Im Nachhinein betrachtet ist mir dies heute peinlich, aber es ist wahr und verdeutlicht das oben geschriebene ein Stück weit.

Stell dir das einmal vor: Ein komplett leeres Buch, wer kauft denn schon soetwas? Die meisten Menschen würden vermutlich denken, dass das wohl nur ein Gag sein kann – oder raffiniert ausgedacht: Einfach ein leeres Notizbuch als teures Erleuchtungsbuch ausgeben und dann teuer verkaufen. Dabei wäre solch ein Buch, vorausgesetzt es wurde aus einem angemessenen Bewusstseinszustand heraus geschaffen, unbezahlbar. Aber vermutlich würden das nur wenige Menschen verstehen. So ist dieses Buch, welches durchaus auch die Qualität eines solchen leeren Buches besitzt, eine Art »Kompromiss«. Es enthält auf den ersten Blick wie jedes normale Buch vollgeschriebene Seiten. Aber dieser erste Eindruck täuscht, denn in Wirklichkeit ist es ein leeres Buch mit Text. Insbesondere die leeren Seiten sind so voll mit… – Es ist mit Worten schwer auszudrücken, mit was. Genau deshalb ist das Buch an diesen Stellen leer. Denn auf diese Weise erhältst und findest du dort so viel mehr.

Lass uns nun beginnen.

Ich möchte dir eine Geschichte erzählen, von der du dir vorstellen kannst, dass sie vielleicht vor langer Zeit tatsächlich so stattgefunden hat. Das war in einer anderen Zeit und einer anderen Kultur.

An jenem Ort spürte der Schamane, der spirituelle Führer der Gemeinschaft, der unter anderem auch der Vermittler zur geistigen Welt war, bereits einige Wochen oder Monate, bevor ein Kind gezeugt werden würde, dass der Dorfgemeinschaft eine Veränderung bevorstand. Er zündete sein Feuer an und versank, während er in die Flammen schaute, in einen veränderten Bewusstseinszustand. Er spürte, dass sich in seinem Stamm und in diesem Dorf demnächst eine neue Seele inkarnieren würde. Er konnte die Präsenz der Seele schon vor ihrer Zeugung deutlich spüren.

Dieser Schamane wusste, dass ungeborene Seelen sich ihr neues Heim anschauen, bevor sie sich dort manifestieren. Dabei sind ihre Auswahlkriterien andere als jene, die wir Inkarnierten aus unserer jetzigen menschlichen Sicht haben würden. Wenn wir heute die Wahl hätten, würden wir wahrscheinlich nach dem Einkommen oder dem Besitz der Eltern schauen und nach dem Bruttosozialprodukt und dem Wohlstand des entsprechenden Landes.

Wichtig wären uns vermutlich auch die Gesundheit und die Schönheit der elterlichen Körper, das Potential der elterlichen Gene. Aber so wählt eine Seele nicht. Das, was sie leitet, ist ihre Sehnsucht. Die schiere Liebe zum Leben leitet sie und eine Sehnsucht danach, in einem physischen Körper zu leben. Sie schwelgt in Vorfreude darauf und plant bestimmte Vorhaben und Beziehungen zu anderen Menschen (wieder) aufzunehmen. Sie möchte weiterführen und endlich abschließen, was vormals fehlgeschlagen oder halb beendet zurückgeblieben ist.

Aber kehren wir zurück zu dem Schamanen, der gerade am Feuer sitzt. Er spürt, dass eine Seele um das Dorf weht. Er spürt ihre tiefe Sehnsucht, sich hier zu manifestieren, hier zu leben, hier aufzuwachsen und hier in die Gemeinschaft der anderen Seelen einzutreten. Er begrüßt sie, nimmt Kontakt auf und erspürt ihre Eigenart und Qualitäten. Auch andere können, wenn der Schamane sie angeleitet und in Trance geführt hat, spüren, wer oder welche Energie da um das Dorf weht. Oft sind das die zukünftigen Eltern. Sie laden das ungeborene Kind in ihr Leben ein, voll freudiger Erwartung und mit dem Versprechen, es zu ehren und zu nähren. Sie versprechen, dass sie es so annehmen werden, wie es von Natur aus ist. Denn diese Menschen (die wir heute hier im Westen wohl als Primitive bezeichnen würden, welche Blindheit!) wussten, dass jede neue kleine Seele fix und fertig mit bestimmten körperlichen Anlagen und Charaktereigenarten auf die Welt kommt. Sie wussten zu schätzen, dass die Präsenz dieser Seele mit ihren besonderen Eigenarten ihr Leben, ihre

Ehe, das Leben der ganzen Familie und auch das anderer Menschen in der Gemeinschaft bereichern würde. Ihnen war bewusst, dass dieses Kind wie ein Puzzleteil ergänzen würde, was bisher noch gefehlt hatte.

> Du bist nicht zufällig da. (…) Ohne dich würde etwas im Dasein fehlen, und niemand kann es ersetzen.
>
> Osho, »Osho Zen Tarot: Das transzendentale Zen-Spiel«

Den Menschen dort war bewusst, dass Kinder von Geburt an einzigartig sind. Ein Kind ist vielleicht von Natur aus nachdenklicher als andere, ein anderes impulsiver, wieder ein anderes intelligenter und noch ein anderes körperlich stärker als andere. Eines ist besonders mutig, während ein anderes dazu neigt, sich bei jeder Kleinigkeit schon zu fürchten. Jeder Mensch ist von Geburt an einmalig, und durch seine Besonderheit wird in der Gemeinschaft irgendetwas ergänzt oder erweitert.

Es war damals nicht das Ziel der Eltern, ihr Kind zu einer (besseren) Kopie von sich selbst zu formen. Es ging ihnen nicht darum – wie es leider bei uns heute oft Usus ist – eine Art ideales Doppelbild der Mutter und des Vaters zu erschaffen. Die Menschen dachten zum Beispiel nicht: »Meinem Kind soll es mal besser gehen als mir, deshalb soll es später beruflich dies oder jenes machen. Es soll Erfolg haben in einem gutbezahlten Beruf.« Oder: »Sie soll unbedingt einen vermögenderen Mann heiraten als ich.« Die Eltern damals in diesem Dorf wussten auch, dass noch so viel Maßregelung, Zwang oder auch Lob beispielsweise aus einem durchgeistigt veranlagten Menschen keinen Sportler oder Soldaten machen würden.

Diese Eltern damals haben offen und neugierig hingeschaut: Was ist das für ein Mensch, unser Kind? Sie haben sich erwartungsvoll gefreut auf seine Einzigartigkeit, seine Größe, auf seine Brillanz, auf seine speziellen Talente und Potentiale; auch auf seine Genialität, denn sie wussten, dass diese jedem Menschen innewohnt. Genialität, Brillanz, Talent, spezielle Gaben und auch Aufgaben bringt jeder mit. Das sind die Gaben, die es dann zu leben gilt. Das sind die Tätigkeiten und Aufgaben, die demjenigen solche Freude bereiten, dass sie ihn Zeit und Raum vergessen lassen. Die Menschen, die so arbeiten und leben, sind diejenigen, die ein Land, eine Kultur, die Wissenschaft, die Kunst oder den Ackerbau weiterentwickeln und weiterbringen werden.

Natürlich warten auf jeden Mensch auch individuelle Herausforderungen, die er oder sie früher oder später zu meistern hat. Auch, weil in jedem Leben bestimmte Schicksalsschläge zu überwinden sind. Jeder hat irgendwann im Laufe des Lebens etwas zu durchleben oder zu durchleiden, um dabei weiter zu wachsen oder um dadurch eine bestimmte latente Fähigkeit zu aktivieren.

So hat sich dann der Schamane oder die Schamanin einige Zeit später, als sich der Bauch der Mutter schon sichtbar wölbte, wieder mit den Eltern zusammengesetzt. Gemeinsam haben sie abends am Lagerfeuer unter freiem Sternenhimmel das zukünftige Kind gefragt, wie es heißt. Sie haben sich nicht selbst irgendeinen Namen ausgedacht, sondern sie haben das Kind gefragt: »Wie sollen wir dich nennen?« Und jedes Ungeborene hat darauf geantwortet, immer.

Die Kunst lag eher darin, die Antwort richtig zu empfangen. Deshalb waren es mindestens drei Menschen, die zusammen gefragt und die Antwort erlauscht haben: der Schamane und in der Regel Mutter und Vater. Oft hörte dann einer von ihnen irgendwann einen zuerst nur vagen Klang wie »ei« oder »u«. Manchmal war es auch wie eine Melodie, ein Gesang, ein Namensgesang, den das Kind ihnen vermittelte. Wenn die Eltern diesen Namensgesang empfangen konnten, haben sie ihn sich gut gemerkt. Sie haben damit später, nach der Geburt, das kleine Baby in mancher Nacht beruhigt, wenn es aufgewacht war und geweint hat. Dann hat die Mutter oder der Vater seinen Namen in genau diesem Klang, in genau dieser Melodie gesungen. Das Kind hat sich daraufhin auf der Stelle entspannt. Denn dann wusste es: »Ja, hier bin ich zuhause, hier bin ich richtig, hier bin ich willkommen. In dieser Familie will ich gerne groß werden, wachsen und lernen, meine Lebensaufgabe zu erfüllen.«

Es war damals auch bekannt, dass jedes Menschenkind mit einer bestimmten Aufgabe auf die Welt kommt, die es selbst im Laufe seiner Kindheit bis etwa zum zwölften Lebensjahr herausfinden würde. Dies hat in den allermeisten Fällen geklappt. Die Familie und der Schamane haben es dabei unterstützt. Aber letztendlich musste das Menschenkind diese Mission selbst für sich herausfinden, denn das konnte auch nur das Menschenkind selbst. Auch seine Mission hatte bereits vor seiner Geburt festgestanden, denn nicht zuletzt war es sie, die für die Wahl seiner Eltern, des Stammes und des Geburtsortes entscheidend war. Und das Kind würde sie erspüren, erfühlen, erhören und erschauen, so ähnlich wie seine Eltern den Namen und den Namensgesang zuvor empfangen hatten. Für diese Suche standen ihm auch geeignete Werkzeuge zur Verfügung, wie beispielsweise die Visionssuche oder eine Medizinwanderung draußen in der freien Natur. Es war hilfreich, dass man das Kind schon früh gelehrt hatte, seiner Intuition zu folgen, gerade auch draußen in der Verbindung mit der freien Natur.

Der Stimme des Herzens folgen

Die Bewohner jenes Dorfes folgten der Stimme ihres Herzens. Es gab dort keine wissenschaftlichen Hochschulen oder ausgefeilte Technologien wie Smartphones oder das Internet. Auch ohne solche Technik (oder vielleicht gerade deshalb?!) verfügten diese Menschen über eine enorme Weisheit. Sie wussten mehr über den Erhalt der Natur als wir heute. Sie wussten mehr über gesunde Beziehungsstrukturen. Sie wussten mehr über die Berufung eines Menschen und Erfüllung im Beruf. Und sie wussten all das nicht nur theoretisch, sondern sie lebten auch entsprechend. Der Weg des Herzens beruht nicht vorrangig auf intellektuell-rationalem Wissen. Es wurde dort nicht ständig so viel gegrübelt, wie wir es heute tun.

Du hast vermutlich auch schon einmal die Erfahrung gemacht, dass, je länger du über etwas nachdenkst, es um so schwieriger wird, eine Entscheidung zu treffen.

> Denken ist wie Treibsand. Denkst du zu lange über etwas nach, zieht es dich immer weiter nach unten.
>
> Unbekannt

> Was viel bedacht wird, wird bedenklich.
>
> Friedrich Nietzsche, »Also spach Zarathustra: Ein Buch für Alle und Keinen«

Was macht uns zufrieden? Wie oder wo könnten wir unser Glück finden? Schicke Smartphones, ein neuer Großbildfernseher oder ein hochtouriges Auto helfen uns dabei nicht – wenn wir einmal von dem kurzfristigen emotionalen Hoch kurz nach der Anschaffung absehen.

Was hat dich in den letzten zwei Wochen glücklich gemacht hat? Vermutlich war es etwas wie der Moment, als du das kleine Baby der Freundin angeschaut hast. Oder als du mit deinem Hund gespielt hast. Als du mit deiner besten Freundin gequatscht und ihr dabei herumgealbert und herzlich gelacht habt. Vielleicht war es der Moment, als nach einem Sommergewitter der Straßenasphalt so herrlich duftete wie früher in den Sommerferien. Oder es war, als du nach langem wieder einmal in einem natürlichen Gewässer geschwommen bist. Der Anblick eines Sonnenuntergangs mag es gewesen sein, eines Sternenhimmels, das Lied eines Vogels vor deinem Fenster. All das hat herzlich wenig mit Luxus zu tun, mit neuster Technik, mit Anerkennung, Gut-dastehen-Wollen oder etwas ähnlichem.

Vieles von dem, was wir heute in unserer Gesellschaft hochloben oder äußerst attraktiv finden, dem wir nachjagen und wofür wir uns oft querlegen, um es zu bekommen, bringt uns nicht das, wovon wir im Grunde träumen. Dabei sind wir heute völlig frei. Wir haben das Glück, in einem freien Land zu leben. Wir können reisen, wohin wir wollen. Wir können unseren Beruf und unsere Religion frei wählen. Der Zugang zu jeder Art von Wissen ist leichter denn je, und das Freizeit-Angebot ist unermesslich vielfältig. Und was machen wir daraus?!

Die Menschen aus der Geschichte, die ich dir eben erzählt habe, kannten natürlich auch Schmerz, wenn sie krank wurden zum Beispiel oder einen geliebten Menschen verloren hatten. Sie hatten gelegentlich mit Kälte zu kämpfen oder mit Hitze oder mit dem Verlust der Ernte – aber nicht damit, krampfhaft eine künstliche Fassade aufrechterhalten zu müssen. Sie haben sich nicht verstellt oder verbogen, um in den Augen anderer gut dazustehen. Was so schön war, wenn du diesen Menschen begegnet bist, war, dass sie stets gerade heraus und ehrlich waren. Keiner hatte es nötig, sich zu verstellen. Wozu auch? Jeder konnte spüren, wenn ein anderer unglücklich oder unsicher war. Das kam jedoch erstaunlich selten vor. Denn dadurch, dass sich diese Menschen im Voraus keine Vorstellung davon machten, wie etwas Bestimmtes abzulaufen und zu geschehen hatte, mussten sie insgesamt weniger leiden als wir heute. Durch ihr großes inneres Ja zu allem besaßen sie die Fähigkeit, stets mit dem zu fließen, was auch immer es gerade war.

Beim Leben aus dem Herzen ging es nicht darum, im Außen zu kontrollieren und ständig Einfluss nehmen zu wollen, sondern darum, im Inneren Frieden und ein Gleichgewicht zu finden. So wie man in dem Dorf bei der Namensgebung eines Kindes niemals danach geschaut hätte, welcher Name gerade en vogue oder schick ist. Stattdessen hörten die Eltern und der Schamane nach innen auf die Impulse des ungeborenen Kindes. Auf ähnliche Weise haben die Menschen dort ihre Berufswahl getroffen und die Wahl ihres Lebenspartners. Auf ähnliche Weise wurde beim Säen der richtige Zeitpunkt erspürt und der fürs Jagen, fürs Ernten, für den Beginn einer Reise oder für eine Visionssuche.

Diese Menschen wurden nicht bevormundet, fremdgesteuert oder gezwungen, irgendetwas gegen ihren Willen oder ihre natürliche Neigung zu tun. Aber es gab auch keine vorgefertigten Lebensrezepte oder -pfade, denen sie einfach und bequem folgen konnten. Natürlich gab es im Dorf auch eine Schule. Und natürlich gingen anschließend die Menschen auch in die Lehre: bei dem Schamanen beispielweise oder bei einer Kräuterfrau und Heilerin, bei einem Jäger, einem Landwirt oder beim Richter und Schlichter eines Stammes. Ein junger Mensch erspürte dazu vorher in sich selbst, welcher Beruf, und auch, welcher Ausbilder, welcher Lehrer am besten zu ihm oder ihr passte. Auch derjenige, der sein Wissen weiterreichen würde, erforschte dazu vorher innerlich, ob dieser Lehrling, diese Schülerin zu ihm oder ihr passt. Er erschaute innerlich-hellsichtig, worin das besondere Talent, das Potential des Auszubildenden bestand und worin demgemäß später seine berufliche Aufgabe bestehen und wie sein zukünftiger Platz in dem gesamten Arbeits- und Gemeinschaftsgefüge aussehen könnte.

Möglicherweise fragst du dich, was all das mit dir und deinem Weg zu tun hat. Auch du kannst auf ähnliche Weise erforschen, worin dein Ruf besteht, deine Aufgabe, deine Mission, dein Lebenspfad und dein Seelenweg.

Nutze dazu nun die ersten beiden leeren Seiten. Mit ihrer Hilfe wirst du zunächst deinen aktuellen Weg erforschen und anschließend deinen natürlichen Seelenpfad, deinen Seelenfaden, wie wir ihn in diesem Buch auch nennen. Denn ja, es gibt eine Art Faden, der uns durchs Leben leitet, so ähnlich wie in der griechischen Mythologie der Faden der Prinzessin Ariadne ihren Liebsten Theseus durchs und vor allem wieder aus dem Minotaurus-Labyrinth geleitet hat. So hast auch du einen Seelenfaden, der dich sicher durch das Labyrinth deines Lebens führt (oder führen könnte), ohne dass du unterwegs in die Irre läufst.

Dein Lebensweg

Zunächst geht es nun darum, deinen Lebensweg, so wie du ihn derzeit lebst, zu erforschen: Deinen Lebenspfad, so wie du ihn dir durch deine eigene Planung und deine Entscheidungen selbst »gelegt« hast.

Lies bitte die folgende Anweisung (sie geht bis direkt vor das leere Blatt Nr. 1) zuerst ganz durch. Anschließend folgst du ihr Schritt für Schritt. Du kannst dabei, sofern du das magst, eine ruhige, meditative (aber bitte nur instrumentale) Musik im Hintergrund leise abspielen. Wenn es für dich leichter ist, kannst du alles zunächst mit geschlossenen Augen visualisieren. Bleibe spielerisch und leicht und locker wie ein Kind. Lasse deine Intuition dir beim Zeichnen die Hand führen. Es ist ähnlich wie in der Geschichte über die Namensfindung des Kindes: Es geht hier nicht darum, dir etwas auszudenken, sondern es geht darum, etwas zu erspüren, was so schon seit langer Zeit existiert. Vertraue dem Prozess und entspanne dich, dann geht es leicht.

Leeres Blatt Nr. 1: Dein Lebensweg, wie du ihn derzeit lebst

- Betrachte zunächst das leere Blatt Nr. 1 mit weichem, weitem Blick. Es gibt einen Trick, der das erleichtern kann: Lege deine beiden Hände entspannt, mit den Handflächen nach oben, rechts und links neben dem Buch ab. Nun behalte beide Hände gleichzeitig im Blick und spüre sie. Ja, spüre deine beiden Hände gleichzeitig. Sobald dir das gelingt – lasse dir Zeit dabei, bleibe gelassen, atme bewusst ein paar Mal tief ein und aus – schau dann gleichzeitig(!) auch auf das Blatt.

  Die folgenden Schritte mögen vielleicht für dich mit geschlossenen Augen und innerlich visualisiert leichter sein. Experimentiere für dich damit.

- Stelle dir nun vor, du schaust durch die Augen deiner Seele. Oder stell dir vor, deine Seele schaue durch deine Augen auf das leere Blatt.

  Schau dabei entweder mit geöffneten Augen auf das leere Blatt, oder du kannst dir das auch mit noch geschlossenen Augen zunächst im Geiste visualisiert vorstellen. Sieh dabei das weiße, leere Blatt Nr. 1 vor dir.

  Dort auf dem Blatt findest du dich beziehungsweise deine Position in Form eines kleinen Punktes. Bitte deine Seele, ihn dir zu zeigen. Einige von euch werden ihn innerlich sehen, andere eher fühlen oder die Position sonst wie erahnen.

  Auch wenn du es bis jetzt (noch) nicht gesehen hast, vertraue dennoch: Nimm jetzt deinen silbernen Stift und male als erstes beherzt den Punkt, der dich repräsentiert auf das Blatt.

  Prima! Atme ein paar Mal entspannt und tief durch.

- Nun schau weiter durch die Augen deiner Seele, wo dein aktueller Lebenspfad neben dir (beziehungsweise neben deinem Punkt) verläuft.

  Eventuell kannst du den silbernen Faden deines aktuellen Lebensweges auch zu deinen Füßen, direkt neben dir, entdecken. Wenn du ihn da sehen oder spüren könntest: Von wo kommt er und wo führt er hin? Wenn du ihn so vielleicht (noch!) nicht sehen oder spüren solltest, kannst du dir auch vorstellen, du gehst innerlich eine Ebene höher. Stelle dir vor, du betrachtest dich selbst von oben; nicht nur wie von der Zimmerdecke aus, sondern gehe in Gedanken noch viel höher und blende den Rest aus: den Raum, in dem du gerade sitzt, die Möbel, alles, was um dich herum ist.

Da irgendwo neben dir – und damit auch neben deinem Positionspunkt auf dem Blatt – führt dein silberner Faden entlang, dein aktueller Lebenspfad. In der Regel kommt er auf dem Blatt irgendwo von links und führt in die andere Richtung nach rechts.

Wo auf dem leeren Blatt fängt er an, wo endet er? Und wo liegt deine Position daneben oder darauf?

Sieh dieses Bild innerlich. Bleibe gelassen dabei und leicht und locker. Bitte darum, dass das Bild sich dir enthüllt und vertraue der inneren Führung.

Oder mache ein Gedankenexperiment: Wenn du wüsstest, wo der silberne Faden liegt und verläuft, wo (und in welcher Form) wäre das?

Auch wenn du es bis jetzt (noch) nicht gesehen hast, vertraue dennoch: Nimm deinen silbernen Stift und zeichne nun den silbernen Faden deines aktuellen Lebensweges zum Punkt dazu. Lasse zu, dass deine Seele dir die Hand führt, zeichne forsch und schnell los. Das Ergebnis könnte zum Beispiel so aussehen:

Beispiel einer Zeichnung des derzeitigen Lebenspfades

Eventuell wird deine Zeichnung deutlich anders aussehen. Vertraue deiner Intuition und deiner inneren Führung. Vertraue dem Prozess. Mache es dir leicht. Es ist leicht.

Spielerisch, vertrauensvoll und flott

Bei allen Prozessen mit dem leeren Blatt ist es hilfreich, wenn du möglichst spielerisch, vertrauensvoll und vor allem flott vorgehst, damit dein rationaler Verstand erst gar keine Chance hat, darüber nachzugrübeln, wo denn hier die genau richtige Position auf dem Blatt sein könnte. Er würde damit – weil er nämlich nicht in der Lage ist, diese Frage zu beantworten – den Prozess ausbremsen.

Wenn uns Gedanken wie: »Au Backe, das wird schwierig, wie soll ich das nur schaffen?!« durch den Kopf schießen, dann wird es auch schwierig. Unsere Gedanken, unsere Wünsche und auch unsere Befürchtungen formen unser Leben und Erleben. Nutze die leeren Seiten hier im Buch als eine Art Spielwiese. Lasse sie dein Experimentierfeld sein, wo du anders agieren darfst als sonst und es dir leicht machen. Wenn du bemerkst, dass es hakt, dass du dich schwertust, mache am besten eine kurze Pause. Vielleicht gehst du hinaus und schaust eine Weile in den Himmel. Lasse dich bewusst von der Erde oder von einem Baum stärken. Oder du nimmst ein Schaumbad oder machst ein Nickerchen. Anschließend machst du dann weiter. Möglichst gelassen, voller Vorfreude und Vertrauen. Die Arbeit mit den leeren Seiten in diesem Buch und das, was du daraus für dich machst, könnte dein Leben verändern. Das, was du dir schon lange wünschst, das, was dir fehlt im Leben, klopft jetzt gerade als Geschenk an deine Tür. Mache sie auf. Lasse es herein.

Wenn du magst, kannst du dich führen lassen

Damit dir der Einstieg in die SOULPATH-Techniken noch leichter fällt, habe ich die ganze Anweisung für dich gesprochen und als Audio-Datei gespeichert. Du findest sie unter www.KiraKlenke.de/AudioBlatt1 zum Download. Damit brauchst du nicht, während du mit und auf dem leeren Blatt arbeitest, zwischendurch zurückblättern, um etwas nachzulesen. Du schaltest das Audio ein und lässt dich ganz bequem Schritt für Schritt von meiner Stimme führen.

Lege beherzt los

Jetzt lege beherzt los, du hast nichts zu verlieren. Du kannst jedes Mal nur gewinnen dabei, viel gewinnen. Zeichne also nun in auf oben beschriebene Art und Weise den Punkt, der dich und deine derzeitige Position kennzeichnet, und daneben den Verlauf deines silbernen Fadens. In der Regel ist links auf dem Blatt irgendwo der Anfang des Fadens. Links im Bild liegt deine irdische Geburt und irgendwo rechts liegt deine Zukunft.

Leeres Blatt Nr. 1: Der silberne Faden – Mein derzeitiger Lebenspfad

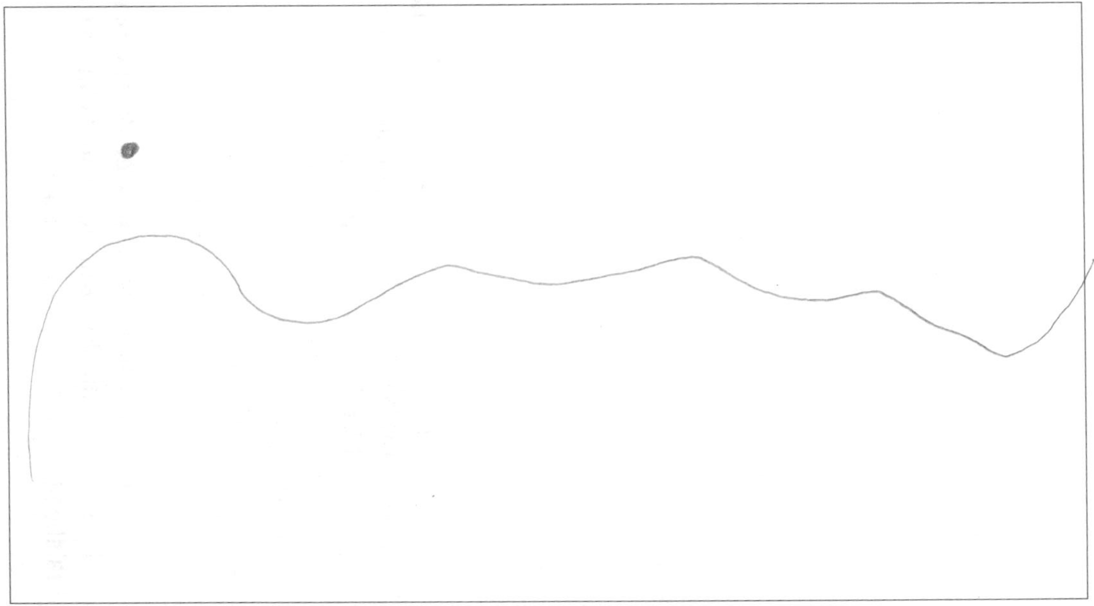

Nun hast du eine Skizze deines derzeitigen Lebenspfades, dessen Verlauf du dir unter anderem durch deine Entscheidungen so gewählt hast. Es ist möglich (muss aber nicht notwendigerweise so sein), dass dieser erste Kurvenverlauf dem ähnlich ist, was die Seele vor der Geburt schon als Lebensweg für dich geplant hatte. Lass uns das nun überprüfen.

Das nächste leere Blatt Nr. 2 ist für die Zeichnung deines Seelenpfades, so wie er ursprünglich vorgesehen war.

Leeres Blatt Nr. 2: Dein Seelenpfad

Lies dir auch hier bitte, bevor du selbst aktiv wirst, die Anweisung zuerst ganz durch.

- In das leere Blatt Nr. 2 setzt du nun als erstes den Punkt deiner derzeitigen Position an derselben Stelle wie im Blatt Nr. 1.
- Betrachte dann das leere Blatt Nr. 2 mit weichem, nicht-fokussierten Blick. Du kannst dir dazu die Anweisung beim Blatt Nr. 1 noch einmal durchlesen.

  Stelle dir wieder vor, dass du durch die Augen deiner Seele schaust oder dass deine Seele durch deine Augen auf das leere Blatt schaut. Du kannst nun innerlich sehen oder es auf eine andere, auf deine persönliche Art und Weise erspüren, *wo dein ursprünglicher Seelenpfad* neben dir (bzw. deinem Punkt auf dem Blatt) verläuft.

  Lasse dabei alle Erwartungen und Wünsche los. Bleibe offen und vertraue deiner inneren Führung und

Intuition. Lasse deine Seele dir die Hand führen und male nun auch dieses Bild.

Das könnte zum Beispiel so aussehen:

Zeichnung des zum obigen Lebenspfad gehörenden Seelenpfades

Leeres Blatt Nr. 2: Dein Seelenpfad

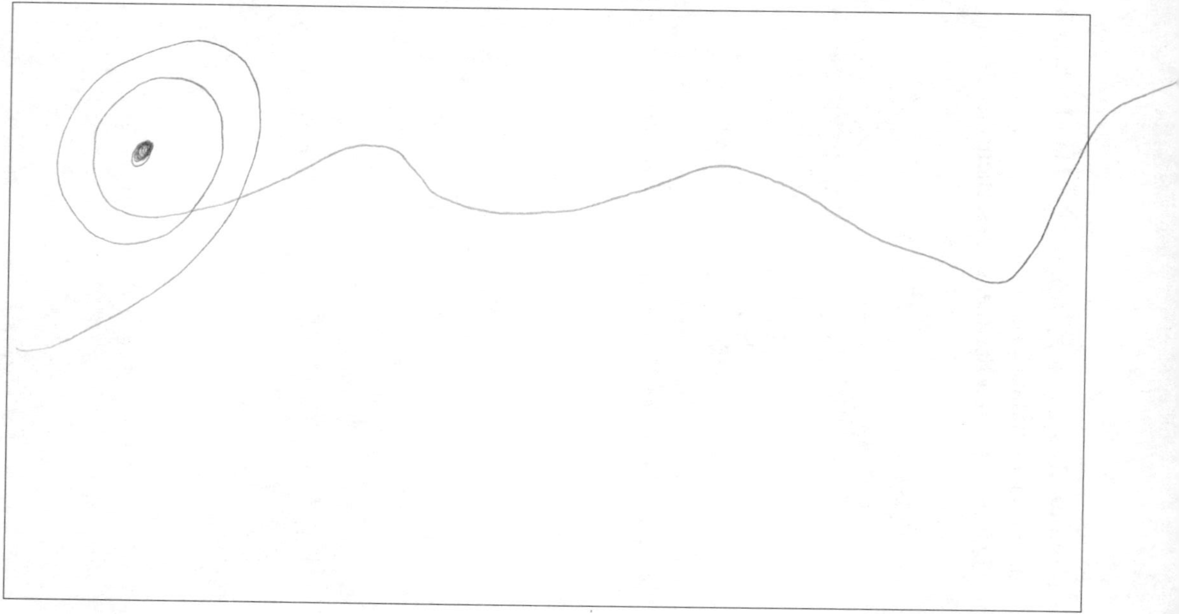

Der Punkt der eigenen Position neben der Kurve

»Wieso liegt denn der Punkt der eigenen Position nicht auf der Linie?« fragte mich eine Coaching-Kollegin. Als sie mit den ersten beiden leeren Blättern gearbeitet hatte, hatte auch sie selbst, zu ihrem eigenen Erstaunen, intuitiv die Kurven neben ihren Positionspunkt gezeichnet. Sie meinte: »Ich hätte doch gedacht, dass der Punkt, der den entsprechenden Menschen in der Gegenwart repräsentiert, auf seinem Lebensweg und damit auf der Kurve liegen sollte.«

Beim SOULPATH-Training ist es nicht dein Weg selbst, der dargestellt wird. Der silberne Faden ist kein Symbol für den Lebensweg, *auf* dem ein Mensch wandelt. So, wie der Faden der Prinzessin Ariadne ihren Liebsten durchs und vor allem wieder aus dem Labyrinth geleitet hat, so kannst auch du dir deinen silbernen Faden eher als eine Art Leitstrahl denken, als eine Navigationshilfe; oder, wenn es um den Lebensweg geht, wie du ihn derzeit lebst, auch als deine (bewusste oder unbewusste) Auslegung dessen, was gerade für dich ansteht und zu tun ist.

So wie du in einem Labyrinth ja auch nicht auf dem Ariadnefaden laufen würdest, liegt (in den meisten Fällen) auch der silberne Faden, deine Navigationshilfe, neben dir und damit neben deinem Positionspunkt.

Vergleich der beiden Zeichnungen

Vergleiche nun deine beiden Zeichnungen miteinander. Du könntest, um dir den Abgleich zu erleichtern, den

Verlauf deines Seelenpfades auch noch in die Skizze deines derzeitigen Lebensweges hineinkopieren.

Höchstwahrscheinlich gibt es Abweichungen zwischen dem ursprünglichen Seelenpfad und dem Lebenspfad, wie du ihn derzeit lebst. Da, wo die beiden Kurven, deine beiden Pfade, voneinander abweichen, waren es höchstwahrscheinlich anstrengende Zeiten oder Situationen in deinem Leben. Du hättest dir da dein Leben vermutlich leichter und angenehmer gestalten können.

> Diejenigen, die nicht mit Aufmerksamkeit den Bewegungen ihrer eigenen Seele folgen, geraten notwendig ins Unglück.
>
> Mark Aurel, römischer Kaiser und Philosoph

Du hast es dir damals schwergemacht und kannst dir diese Lebensphasen jetzt noch einmal genauer ansehen. So ist es möglich, herausfinden, wie und wodurch du dich damals selbst unnötig belastet hast. Dieser Schritt ist an dieser Stelle nicht unbedingt erforderlich. Dennoch hat es Sinn, sich große Abweichungen anzuschauen, denn wir Menschen haben die Tendenz, bestimmte Muster im Leben – leider gerade oft die schmerzhaften – zu wiederholen. Deshalb kann es für die Zukunft hilfreich sein, sich anhand der Vergangenheit selbst auf die Schliche zu kommen. Aber du musst das nicht unbedingt machen.

Es ist möglich, im Bild intuitiv in etwa einzelne Jahreszahlen und damit Lebensabschnitte auszumachen. Anhand des Anfangs der Kurve, also deiner Geburt, und des Punktes, der dich und damit auch deine Gegenwart darstellt, kannst du in etwa abschätzen, im welchem Jahr oder Zeitraum eine starke Abweichung der Kurven lag. Du kannst, wenn du magst, diese Information zusätzlich unten in der Zeichnung als Zeitstrahl eintragen.

Das könnte zum Beispiel so aussehen:

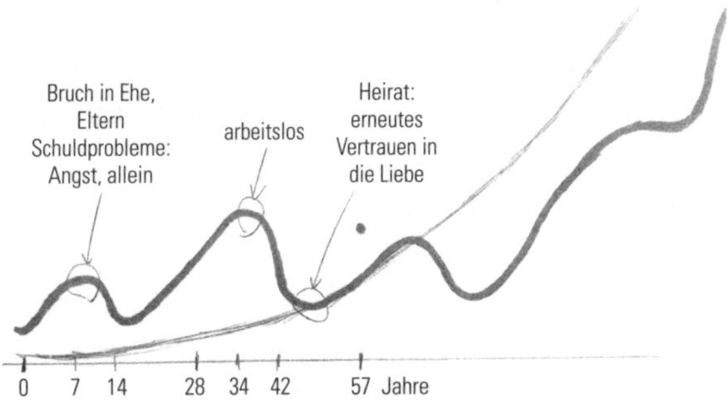

Abgleich der beiden obigen Beispiel-Pfade

Du kannst dir die Abweichungen beziehungsweise die schwierigen Situationen der Vergangenheit noch einmal anschauen und analysieren, um daraus für die Zukunft zu lernen. Halte deinen Fokus dabei darauf gerichtet, herauszufinden, was dir damals geholfen hat, auf den »rechten Weg« zurückzufinden.

Die Zukunft

Wenn du in deinem Leben an einer »Weggabelung« stehst und nicht weiterweißt, kannst du folgendes ausprobieren: Spüre in dich hinein und frage dich innerlich: »Wo führt hier an dieser Stelle der silberne Faden, mein Seelenpfad, weiter?« Dann folge intuitiv dem unsichtbaren silbernen Pfad, deinem Pfad, deinem Ariadnefaden.

> Das Schicksal ist vorbestimmt, aber es kann auch beeinflusst werden.
>
> Sri Bhagavan, Oneness University

Wir besitzen im Leben auf diesem Planeten den freien Willen. Das ist bei den SOULPATH-Techniken wichtig zu bedenken. Das impliziert für deine Zeichnungen, dass die silberne Kurve rechts von deinem Gegenwartspunkt *nicht* als »Zukunftsorakel« zu verstehen ist. Diese Zeichnung zeigt dir lediglich eine von unendlich vielen Möglichkeiten, wie du deinen Lebenspfad von hier aus weitergehen könntest. Die Zeichnung entstand von deiner heutigen Situation aus gesehen und auf Grundlage all deiner derzeitigen (dir zum Teil nicht bewussten) Glaubenssätze, was du derzeit (bewusst und unbewusst) in deiner Zukunft für möglich hältst. Deshalb arbeite mit dem nächsten leeren Blatt bitte nur in Bezug auf deine kurzfristige Zukunft. Wenn du magst, kannst du den gleichen Prozess später noch einmal wiederholen. Aber tue das frühestens in einem Jahr. Andernfalls würdest du dein Vertrauen in die innere Führung in Frage stellen und es dadurch untergraben. Lass dich nicht von deinem rationalen Denken hinters Licht führen. Vertraue.

Schau dir nun in dem, was du gezeichnet hast, deine Zukunft an. Weiter als ein bis maximal zwei Jahre in die Zukunft solltest du dabei nicht schauen, denn in einem

Zeitraum von ein bis zwei Jahren verändert sich in der Regel vieles. Gibt es in der näheren Zukunft eine größere Abweichung? Falls ja, könntest du darüber kontemplieren oder in einem meditativen Zustand deine Seele dazu befragen. Dazu dient das nächste leere Blatt.

Falls deine beiden Kurven in der Zukunft nah beieinander liegen: Gratulation! Du bist im wahrsten Sinne des Wortes gut auf Kurs und kannst das nächste leere Blatt getrost überspringen.

Sollte es in deinen Zeichnungen deutliche Abweichung(en) in der unmittelbaren Zukunft geben, kannst du diese nun mit dem nächsten leeren Blatt analysieren und für dich deuten.

Leeres Blatt Nr. 3: »Welche Kurskorrektur steht an?«

Frage deine Seele, welchen Lebensbereich die Abweichung betrifft, ob Familie, Gesundheit, Beruf oder welchen anderen. Du könntest auch zusätzlich auf einem Extrablatt deine Pfade für jeden dieser Bereiche getrennt erfragen, zeichnen und betrachten.

- Lege wieder deine Hände rechts und links neben das Buch, verbinde dich wie zuvor mit dem Gefühl beider Hände und denke an den unfokussierten Blick mit einem weiten Blickfeld.
- Entspanne dich innerlich. Verbinde dich mit deinem Herzraum. Wende dich mit der Frage »Welche Kurskorrektur steht jetzt an?« oder »Was kann mir helfen, auf den richtigen Pfad, auf meinen wahren Seelenpfad zurückzufinden?« direkt an deine Seele. Vertraue dem

Prozess und du wirst eine Antwort erhalten. Deine Seele kennt die Antwort. Sie kennt den Weg zurück zur Natürlichkeit deines Lebens und deines Lebensweges. Sie kennt auch den kürzesten Weg dorthin zurück, den kürzesten, den schnellsten und den einfachsten.

- Die Antwort wird sich dir in Bildern, Worten oder Gefühlen zeigen Vielleicht hörst du ein Wort oder einen Satz? Oder du siehst innerlich ein Symbol oder ein Bild? Fühlst, riechst oder schmeckst du etwas? Woran erinnert dich dies? Oder du erhältst sonst irgendeinen Hinweis darauf, was du beachten solltest oder tun könntest.

Atme noch einmal bewusst tief durch. Dann schreibe oder zeichne beherzt los. Stell dir dabei vor, dass deine Hand geführt wird. Vertraue deiner Seele, sie nimmt dich an die Hand.

Die Fähigkeit, glücklich zu leben, kommt aus einer Kraft, die der Seele innewohnt.

Mark Aurel, römischer Kaiser und Philosoph

Leeres Blatt Nr. 3:
Welche Kurskorrektur steht an?

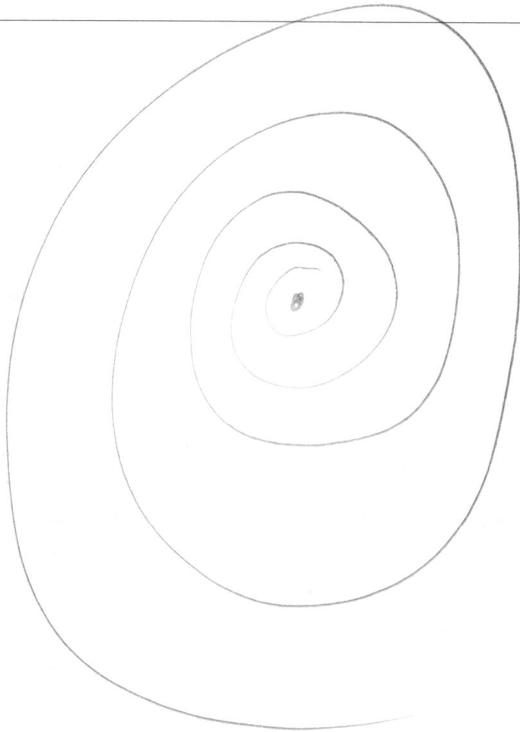

Ich glaube, Gott hat mich auch in die Welt gesetzt, damit ich meinen eigenen Maßstab finde, und nicht, damit ich widerstandslos und kritiklos das vorgegebene Massendenken übernehme, (...). Des Schöpfers Maßanzüge sitzen nun mal besser als die menschengemachte Dutzendware.

Hape Kerkeling, »Der Junge muss an die Luft: Meine Kindheit und ich«

In unserer Gesellschaft sind vorgefertigte Lebenspfade Usus. Die meisten von uns haben nicht gelernt, den Lebensweg selbst zu gestalten, ihn selbst aktiv in die Hand zu nehmen. Selbst wenn uns etwas nicht passt, tun wir uns schwer, ihn zu verändern. Wie teuer das jedoch ist, wie viel uns das auf Dauer kosten kann, wie in einer Herde immer nur hinter den andern her zu trotten, das merken wir oft erst spät. Viele bemerken es erst dann, wenn ihr innerer Akku schon ziemlich leer ist. Denn – und das ist weniger bekannt – beim Hinterhertrotten auf von anderen vorgegebenen Pfaden reichen irgendwann Essen und Schlafen, eine Flasche Bier und ein Krimi am Abend bei weitem nicht mehr aus, um das an Energie wieder aufzufüllen, was wir tagsüber verloren haben. Zumal es viele außerdem versäumen, sowohl beim Essen als auch beim Schlaf und auch bei dem, was sie sich geistig, zum Beispiel fernsehend, zuführen, auf Qualität zu achten.

Sobald du beginnst, dein Leben und deine Aktivitäten bewusster selbst zu gestalten, und sobald du dich auf deinem Weg von deiner Intuition führen lässt, fließt wieder ständig frische Lebensenergie nach und in dich hinein. Du wirst dich dann schon bald viel lebendiger, stärker, gesünder, kraftvoller, motivierter und fröhlicher fühlen. Warum das so ist, fragst du dich jetzt vielleicht. In dem Moment, in dem du den Kontakt und die Herzensverbindung zu deiner Seele wiedergefunden und wieder aktiviert hast, in dem Moment bist du durch diese Verbindung auch wieder angeschlossen an die Quelle der unerschöpflichen Ur-Energie. Du bist angeschlossen an die Quelle, die allem Leben, allen Heilungen und allen Ideen zugrunde liegt.

> Du musst den Ort deine Komfortzone verlassen und dich in die Wildnis deiner Intuition begeben. Was du entdecken wirst, wird wundervoll sein. Was du entdecken wirst, bist du selbst.
>
> Alan Alda, amerikanischer Schauspieler

Das ist alles einfacher, als du jetzt vielleicht glaubst, denn das, worum es hier geht, ist ganz natürlich. Es ist deine wahre Natur. Kehre zurück, verbinde dich wieder mit dem natürlichen Zustand, in dem du als Kind warst. Verbinde dich mit der inneren Haltung, aus der heraus du damals beispielsweise gemalt hast, ein bisschen schief vielleicht, die Farben stimmten nicht immer und die Proportionen, aber immer war da Lebendigkeit und so viel Licht in diesen Bildern. Deshalb hängt jede Mutter, jede Patentante, jede Kindergärtnerin diese Bilder so gerne und so stolz an ihre Wand, weil sie Licht ausstrahlen. Es ist das Licht, das du mit Hilfe der leeren Seiten in diesem Buch für dich wiederfinden kannst: Das natürliche Strahlen von innen heraus, dein Licht.

Dieses Licht wartet auf dich, und es versucht, dich auf vielen Wegen zu erreichen. Es wartet in manchen Büchern, die du liest, oder in einem Musikstück, das du gerne hörst. Es ist der Ausgangspunkt aller großen, menschlichen Errungenschaften. Es liegt Gedichten zugrunde und dem Zwitschern eines Vogels. Es ist die Quelle jeder sportlichen oder künstlerischen Meisterschaft, die Quelle aller großen Erfindungen und jeden Sonnenaufgangs. Es steckt in jedem Grashalm und natürlich auch in jedem von uns. Jedoch wird es leider oft übersehen, nicht beachtet, nicht erkannt. Wir schütten es mit unseren Gedanken und mentalen Konzepten zu. Wir steuern sogar gelegentlich gegen, wenn ein intuitiver Impuls sich meldet. So kann unser Licht nicht scheinen, nicht in der Begegnung mit anderen Menschen und nicht in unserer Arbeit. Es kann dann auch die Zellen unseres Körpers nicht mehr richtig durchfluten und nähren, die deshalb im Laufe des Lebens allmählich schwächer werden oder nicht selten auch kränker. Ich vermisse so das Strahlen, das Leuchten in deinen Augen!

Du bist die einzige, der einzige, der deine Bestimmung in diesem Leben herausfinden und umsetzen kann. Erforsche deshalb, wie dein wahrer Weg aussehen könnte, dein Seelenweg in dieser Welt voller Möglichkeiten und natürlich auch voller Herausforderungen. Gerade weil wir heute so viele Wahlmöglichkeiten haben, können wir uns auch leicht verirren. So hast auch du dich geleg[illegible] lich verlaufen. Doch du hast dich wieder besonnen. D[illegible] wenn das nicht so wäre, würdest du jetzt dieses Buch nicht lesen. Atme bitte einmal tief durch. Das Schwierigste ist bereits erledigt. Das Allerschwierigste hast du schon geschafft, nämlich dich zu erinnern, an deinen wahren Kern und an deine Sehnsucht. Allein damit hast du automatisch die Verbindung zu deinen besonderen Gaben und zu deiner Mission wieder aufgenommen. Ab jetzt wird es leichter werden. Natürlich wirst du auch in Zukunft manchmal Leiden erfahren, aber ganz anders als bisher. Es wird sich echter anfühlen und vielleicht sogar befreiend, denn dir wird währenddessen bewusst sein: Auch das gehört zu meinem Pfad, zu meinem silbernen Faden.

> Du wirst die Wahrheit mit Logik nur finden,
> wenn du sie schon ohne Logik gefunden hast.
>
> G. K. Chesterton

Ahnen und Seelenverwandte

Du bist einzigartig wie ein Stern. Du bist unentbehrlich für diese Welt und für die Menschen um dich herum.

Finde heraus, was neben dem, auf das du bis jetzt vorwiegend deine Aufmerksamkeit gerichtet hast, sonst noch existiert. Neben den Engeln, die dein Leben begleiten, gibt es viele andere Lichtwesen, Wesen aus unterschiedlichsten Dimensionen. Manche davon sind an diese Erde gebunden, manche nicht. Manche sind dichter in ihrer Energiekonsistenz als andere, so dass sie dir manchmal sogar so echt wie normale Menschen oder Tiere erscheinen können. Manche sind so feinstofflich, dass du sie nicht einmal siehst, wenn du hellsichtig bist. Manches von dem, was uns ständig feinstofflich umgibt, ist trübe und schwer. Manchmal sind das alte Gedankenformen, düstere, sich ständig wiederholende und im Kreis drehende Gedanken anderer Menschen oder von dir selbst. Unsere Gedanken verfestigen sich, je öfter sie gedacht und im Kopf wiederholt werden. Sie verfestigen sich dann unter Umständen so stark, dass Hellsichtige sie als Energiestrukturen und recht präzise wahrnehmbare Informationen in deiner Aura wahrnehmen können. Du hast sicher schon erlebt, dass quälende Sorgen dir nachts den Schlaf geraubt haben. Das sind Gedanken, die begonnen haben, eine Art Eigenleben zu entwickeln. Dann schaffen sie es auch, dich gegen deinen bewussten Willen zu stören und zu steuern.

Auch hier könnten wir wieder lernen von den Menschen aus jenem Dorf, von dem ich dir anfangs erzählt hatte. Dort hatte jeder die Fähigkeit erlernt, Feinstoffliches zu spüren, zu sehen oder zu hören. Denn das lässt sich erlernen – auch hier und heute. In unserer Zeit ist dieses Wissen wieder leichter zugänglich. Jeder Mensch ist von Natur aus hellsichtig, hellfühlig und hellhörig veranlagt. Selbstverständlich gibt es auch dabei individuelle

Neigungen und Talente, genau wie bei unseren anderen Fertigkeiten auch, aber hell-irgendwas ist jeder von uns.

Hast du schon bemerkt, dass es zur Zeit viele Bücher und Seminare zu dem Thema gibt, wie wir bewusst den Kontakt mit unseren Ahnen aufnehmen können? Unsere Ahnen besitzen einen riesigen Fundus an Wissen, und sie haben jede Menge Kraft, die sie gerne an uns weiterreichen würden. Denn so, wie sich – sofern alles natürlich verläuft, wie beispielsweise in der beschriebenen Dorfgemeinschaft – die Eltern auf die Geburt ihres Babys gefreut und vorbereitet haben, haben sich auch deren Eltern, die Großeltern, auf die Geburt ihres Kindes gefreut und vorbereitet. Und genauso auch die Urgroßeltern auf die Geburt der Großeltern. Wenn auf diese Weise alle Generationen ihre Kinder wach geboren haben, sie anschließend entsprechend erzogen und bewusst auf ihrem Lebenspfad gefördert haben, dann ist das Kind unweigerlich von allen seinen Ahnen so gewollt wie es von Natur aus ist. Es wird durch die Kraft der gesamten Ahnenreihe getragen und unterstützt.

Es ist auch für dein Leben hilfreich und sehr kraftvoll, wenn du bewusst den Kontakt zu deinen Ahnen suchst. Fange an zu erforschen, welche Kräfte und Aufgaben hier von Generation zu Generation weitergereicht wurden und noch werden. Achte deine Ahnen. Mach sie stolz durch das, was du lebst. Dabei geht es nicht um irgendeine Pflichterfüllung. Gerade hier geht es darum, sich frei und unverbogen dem zu verpflichten, was von Natur aus in uns liegt. Das ist ja nicht zuletzt auch in der familiären

Erbmasse, die wir in uns tragen, begründet. Lass dich bei Entscheidungen und bei der Wahl von Lebensschritten von deinen Ahnen beraten und unterstützen. Sie stehen mit all ihrem Wissen und Potential hinter dir.

Die Ahnen verfolgen ohnehin unseren Weg. Auch, wie wir uns ständig Gedanken machen und herumgrübeln, wie wir alles genau durchdenken und planen und trotzdem oft auf die Nase fallen. Das meiste davon haben sie ähnlich selbst durchlebt. Frag sie doch innerlich, bitte sie um Rat, dann könnte vieles einfacher werden. Irrwege könnten uns erspart bleiben, weil wir uns dann direkt da bewegen würden, wo unser Lebensweg stimmig für uns verläuft. Wir würden öfter das tun, was unserer Ur-Natur entspricht.

Jeder von uns trägt Seelenwünsche, einen Seelenplan und Seelenweisheit in sich. Vielleicht glaubst du, keinen guten Zugang dazu zu haben? Egal, was du bewusst darüber denkst, du ahnst die Sehnsucht deiner Seele. Du kannst sie an dem erkennen, was du an anderen Menschen bewunderst. Sie meldet sich zuweilen auch in deinen Träumen oder in Form von Wünschen. Das gilt insbesondere für schon lang gehegte Wünsche, die du zum Teil vielleicht schon als Kind gehabt hast. Erst haben deine Eltern sie unterbunden, und nun als Erwachsener bist du mittlerweile selbst clever genug zu erkennen, dass zum Beispiel tiergestützte Therapie keine vernünftige Einkommensquelle ist. Und doch lässt dich die fixe Idee vom eigenen Pferd oder der Traum von einer Weltumsegelung, davon Bücher zu schreiben oder doch noch mit 50 Jahren endlich Psychologie zu studieren nicht los. Dieser Traum lässt dich einfach nicht in Ruhe und schleicht sich immer wieder an. Wenn du Muße und Zeit für dich findest, im Urlaub zum Beispiel oder wenn du ein Coaching-Buch liest, dann meldet sich diese alte Sehnsucht immer wieder. Und genau daran erkennst du deine Seelenwünsche.

Es gibt andere Seelen, mit denen du dich für diese Inkarnation »verabredet« hattest. Wenn ihr euch begegnet, unterstützt ihr euch gegenseitig wie ursprünglich vereinbart. Es kann wunderschön sein, wenn dir ein solcher Mensch von der ersten Begegnung an vertraut vorkommt. Allerdings, wenn du zu weit vom deinem Seelenpfad abgekommen bist, zu sehr von deinem ursprünglichen silbernen Faden abgewichen, wird ein solcher Mensch vielleicht an den Festen deines derzeitigen Weges rütteln. Er wird dich aufwühlen und, wenn es notwendig ist, sogar so tief verletzen, dass du dich dann um diese Wunde und sein Aufrütteln kümmern musst. Es ist, als würde er dich anschreien: »Stop! Halt, Du bist viel zu weit vom Weg abgekommen!« Wie du dir in solch einer Situation selbst helfen und vergleichsweise schnell einen guten Ausweg finden kannst, wirst du später im Buch lesen. Mit Hilfe der leeren Seiten kannst du dir selbst aus eigener Kraft auch in belastenden Lebensumständen helfen. Solche Lebenssituationen kannst du mit Unterstützung deiner Seelenkraft auf der Grundlage deines wahren Seelenpfades aus eigener Kraft transformieren und auflösen.

Ist dir schon einmal ein Mensch begegnet, mit dem du dich auf Anhieb, schon bei der ersten Begegnung, ungewöhnlich gut verstanden hast? Es schien fast, als hättest du eine verlorengegangene Schwester oder einen Bruder wiedergefunden oder einen lang vermissten Freund. In der Gegenwart dieses Menschen fühlst du dich unbeschwert. Du bist jedes Mal glücklich, wenn du ihm oder ihr begegnest. Vielleicht magst du ihre Stimme, oder du könntest sein Gesicht ewig anschauen. Eure Gespräche inspirieren dich, und wenn ihr beiden etwas zusammen tut, ist das Zusammenspiel so unkompliziert, als hättet ihr schon ewig miteinander gearbeitet. Das sind Seelenverwandtschaften.

Manche Menschen erleben das leider nie, aber nicht, weil sie keine Seelenverwandten hätten. Auch nicht, weil ihnen ihre Seelenverwandten nicht begegnen würden, sondern weil sie sie nicht erkennen. Schon alleine deshalb, öffne dein Herz und schau unvoreingenommen hin, wenn dir ein Mensch zum ersten Mal begegnet.

Seelenverwandte können dir helfen, Licht, Freude und Erfüllung in dein Leben zu bringen. Umgekehrt hilfst du ihnen auch dabei. Wenn du ein Mitglied deiner Seelenfamilie triffst, merkst du, dass du gesehen wirst. Du wirst angenommen und respektiert, so wie du von Natur aus bist. Du merkst, dass du dann unmittelbar aufhörst, dich zu verstecken oder angestrengt zu versuchen, gut dazustehen. Du *bist* einfach. Du kannst in so einer Freundschaft ohne Angst auch deine Schwächen zeigen. In solch einer Freundschaft bekommst du eine Ahnung davon, wie leicht das Leben sein könnte, wenn du deinem Seelenruf folgen würdest.

Wenn du still wirst, kannst du den Ruf deiner Seele hören. Jeder Mensch ist dazu in der Lage. Schließe deine Augen und bitte deine Seele, sich bemerkbar zu machen. Dazu schaue und horche nach innen und spüre hin, sie wird sich melden. Sie ist ohnehin nah bei dir, immer und ständig, wo sollte sie auch sonst sein? Es war ihr Wunsch, jetzt hier in diesem Körper an diesem Platz zu sein, während du gerade diese Zeilen liest. Sie ist stets präsent, bei was immer du machst oder erlebst. Wenn du dich manchmal fragst, womit du eine bestimmte Situation oder ein bestimmtes Erlebnis verdient hast oder warum denn das jetzt auch noch passieren musste, weil es dir zu viel wird, dann frage deine Seele danach. Ihre Antwort hilft dir zu verstehen, zu ertragen und zu akzeptieren. Denn dann durchschaust du das Warum. Die Seele antwortet dir, sobald du dich dafür öffnest. Sie antwortet, sobald du bereit bist, deine bisherigen Vorstellungen, mentalen Konzepte und deine bisherigen Erklärungsversuche dessen, was dir gerade geschieht, für einen Moment lang außen vor zu lassen. Sie antwortet dir, sobald du bereit bist, leer zu werden wie ein unbeschriebenes Blatt. Dann erhältst du Antwort. Wie beim Arbeiten mit den leeren Blättern in diesem Buch sollte dabei die innere Leinwand im Kopf leer sein, damit sich dort die wahren Antworten zeigen können.

»Und das soll leicht sein?! Und fix gehen?!« zweifelt jetzt vielleicht eine Stimme in deinem Kopf. Ich verstehe sie gut. Denn selbst Menschen mit viel Meditationserfahrung tanzt der rationale Verstand immer noch und ständig jeden Tag aufs Neue auf der Nase herum. Unermüdlich produziert er wichtige Gedanken. Er sorgt sich, wägt ab und entwickelt Schutzstrategien. Das ist seine Natur. Wie sollte da die innere Leinwand jemals leer werden? Genau deshalb gibt es die leeren Blätter in diesem Buch, die dir beim Horchen nach innen Handlauf und Unterstützung bieten.

Eine Botschaft deiner Seele

Das nächste weiße Blatt wird dich dabei unterstützen, eine Botschaft oder Hinweise deiner Seele zu empfangen, die dir helfen können, zum Seelenpfad, zu deinem silbernen Faden, zurückzukehren oder ihm noch besser und mit Freude zu folgen.

Leeres Blatt Nr. 4: Eine Botschaft meiner Seele

Lies auch hier bitte zunächst alle Schritte des Ablaufs durch.

- Atme bewusst ruhig und tief, entspanne deine Hände und die Schultern.

  Wenn du magst, kannst du die Augen sanft schließen.
- Richte dich innerlich auf die Frage aus: »Was kann mir dabei helfen, zu meinem Seelenpfad, meinem silbernen Faden, zurückzukehren? Oder dabei, ihm noch besser und mit Freude zu folgen?«

- Dann schau auf das leere Blatt Nr. 4. Bitte nicht fordernd daraufstarren nach dem Motto: »Wo steht denn da was?« Und: »Was steht denn da? Ich will es jetzt endlich wissen!«, sondern bleibe so gelassen, wie es dir jetzt möglich ist. Schaue mit weichem, weitem Blick hin. Lege dabei wieder deine beiden Hände mit den Handflächen nach oben rechts und links mit etwas Abstand auf jeder Seite neben das Buch.

  Beobachte deine beiden Hände und spüre sie auch, spüre beide Hände gleichzeitig. Dann schaue dabei gleichzeitig auf das Blatt.
- Spielerisch wie ein Kind stelle dir nun vor, dort wäre eine Botschaft für dich hinterlegt, die dir helfen wird, zu deinem natürlichen, ursprünglichen Seelenpfad zurückzukehren oder dich besser und in Freude mit ihm zu verbinden.

  Wenn da etwas geschrieben stünde, und du könntest es sehen oder hören oder sonst wie erahnen, was wäre das dann? Welches Wort? Oder welcher Satz? Oder vielleicht ist es ein kurzer Text? Oder ein längerer?

  Verwende so viele Sinneskanäle wie möglich. Denke neben dem inneren Sehen auch ans innere Hören, Riechen, Schmecken und Spüren. Stelle dir vor, wenn nun zusätzlich ein Duft aus dieser Seite für dich käme, welcher wäre das? Das könnte zum Beispiel der Duft einer Rose sein oder der Geruch von Sommerregen auf heißem Asphalt oder vielleicht der von einem Feuer, in dem etwas verbrannt wird. Was könnte dann dieser zusätzliche Geruchshinweis für dich, deine derzeitige

Lebenssituation oder das Thema, das dich derzeit bewegt, bedeuten?

Vielleicht hörst du, wie innerlich eine Stimme zu dir spricht. Du hörst ein Wort oder einen Satz oder eine längere Ausführung. Es könnte auch eine Melodie sein, die du innerlich vernimmst. Ein Ohrwurm aus dem Radio geht dir vielleicht plötzlich durch den Kopf.

Was fühlst du, wenn du dir jetzt vorstellst – nur vorstellst! –, du würdest die Seite berühren? Schließe, um besser hin spüren zu können, die Augen. Vielleicht wäre dann für dich die Seite wie mit Samt überzogen oder wie mit Sand bestreut, oder sie fühlt sich vielleicht heiß an oder kalt? Und was könnte das dann für dich bedeuten?

Oder du stellst dir vor, eine heilsame, dich mit Kraft erfüllende Energie stiege aus dieser Seite. Vielleicht kannst du sie sogar sehen oder fühlen? Wenn nicht, mache es wie die Kinder, nutze deine Phantasie. Stelle dir vor, wie sie aussehen oder wie sie sich anfühlen könnte. Was geschieht mit dir, wenn sie dich berührt? Was verändert sich? Welcher neue Impuls, welche neue Hoffnung oder neue Idee würde sich daraus entwickeln?

Was will deine Seele dir mitteilen? Höre hin, sieh hin, spüre und vertraue dabei.

- Nun halte das, was du über unterschiedliche Sinneskanäle erfahren hast, auf dem leeren Blatt fest (zumindest in Stichworten).

Stelle dir schreibend wieder vor, deine Seele führe dir die Hand.

Schreib bitte auch dann alles auf, wenn für dich das Informationspuzzle jetzt (noch!) kein schlüssiges Bild ergibt.

Und bitte, schreibe auch dann beherzt los, wenn du glaubst, nichts gesehen, vernommen oder gefühlt zu haben. Vertraue sogar dann.

Stelle dir gerade dann vor, deine Seele führe dir die Hand.

Setze, ohne zu wissen, wohin die Reise geht, Wort an Wort an Wort. Oder du skizzierst etwas. Mache das schnell, ohne Pause, das ist wichtig. Mache es, ohne intellektuell zu hinterfragen. Bewege einfach deinen Stift übers Papier und lasse dich überraschen.

Du wirst merken, nach dem ersten, vielleicht etwas befremdlichen Start, fließt es dann von alleine weiter.

Leeres Blatt Nr. 4:
Eine Botschaft meiner Seele

Hinter die Oberfläche schauen

Vielfach fehlt uns die Muße, um hinter die Oberfläche der Dinge zu schauen, hinter die Oberfläche der Lebenssituation, in der wir uns befinden oder hinter die Oberfläche unseres eigenen Tuns.

Schau genauer hin, dies könnte ein einzigartiger Tag voller Wunder werden.

Der silberne Faden, dein Lebenspfad, leitet dich. Merkst du, wie die Worte »Faden« und »Pfad« miteinander verwandt sind? Der silberne Faden führt dich zu deinem ursprünglichen, natürlichen Seelenpfad zurück.

Du hast früher in der Geschichte von dem neugeborenen Kind bereits gelesen, dass in jenem Dorf schon die Kinder darin unterrichtet wurden, wie sie die Hinweise ihrer Intuition entschlüsseln. Und dass dabei Techniken, wie die Visionssuche oder die Medizinwanderung, eine wesentliche Rolle spielten. Der Grund dafür war, dass Menschen gerade draußen in der freien Natur ihre natürlichen Instinkte und ihre Intuitionsantennen besonders gut wahrnehmen können.

Bist du bereit für ein Experiment? Sieh bitte aus dem Fenster oder besser noch, zieh eine Jacke an und geh hinaus. Schau in den Himmel, was siehst du? Vielleicht siehst du jetzt gerade ein Wolkengrau, was dir vielleicht nicht so gut gefällt. Oder ist es einer dieser wunderbaren Tage mit einem strahlend blauen Himmel? Oder ist es schon Abend, und der Himmel ist dunkel? Gestern, gerade als ich dabei war, dieses Kapitel zu überarbeiten, bin ich per Zufall auf folgende Nachricht gestoßen: Laut einer Studie vom EMNID aus dem Jahr 2002 haben 33% aller Deutschen und 44% der unter 30-jährigen noch niemals die Milchstraße gesehen (Spektrum der Wissenschaft online: www.spektrum.de/news/kostbarer-freier-blick/1202692, letzter Abruf: 20.7.17). Ich befürchte, dass sich diese Prozentzahlen seit 2002 nicht verbessert haben. Wann hast du das letzte Mal die Milchstraße bewundert?

Auch der Himmel hat eine Art Seelenschwingung, auch er hat eine Mission und eine Aufgabe. Er ist unersetzbar, unentbehrlich, auch der graue, regnerische Himmel, gerade er ist wichtig für die Natur.

Schau in den Himmel und halte dabei deine Hände mit etwas Abstand in Kopfhöhe neben dich, die Handflächen offen nach vorne gerichtet. Atme ein paar Mal bewusst tief ein und aus. Behalte deine Hände im peripheren Blick und verbinde dich dabei innerlich mit beiden Händen gleichzeitig, spüre sie beide gleichzeitig. Schau nun mit diesem Blick nach oben und betrachte den Himmel. Stelle dir vor, deine Seele schaue durch deine Augen oder du schaust durch die Augen deiner Seele. Nun siehst du, nun zeigt sie dir, auf welche Weise sie den Himmel sieht, diese uralte, unerschütterliche* Wesenheit.

Spürst du seine Lebendigkeit? Und, dass du eine Verbindung zu ihm hast? Dieser Himmel ist uralt und weise, und er kann dich mit seiner Weisheit berühren, mit seiner

* Na ja, fast unerschütterlich, wenn man von der durch Fluorchlorkohlenwasserstoffe verletzten Ozonschicht absieht.

ganz speziellen Energie, die sich je nach Wetterlage und Tageszeit ändert.

Father Sky, please guide me

Deshalb beten zum Beispiel die amerikanischen Ureinwohner: »Father Sky, please guide me.« *Vater Himmel, bitte führe mich, unterstütze mich bei meinen Vorhaben, Vater Himmel, der du immer und überall wie ein schützendes Dach über uns schwebst und alles siehst, durch alle Zeiten und auf allen Kontinenten gleichzeitig. Du, der du die großen Zusammenhänge siehst, weil du genügend Abstand und den Überblick hast, rate mir, was ich tun soll, hilft mir, führe mich.* Sie verbinden sich mit seiner Weite und Kraft und seiner vertrauten, beruhigenden Allgegenwärtigkeit.

Ähnlich kannst auch du um Unterstützung bitten oder Fragen stellen. Auch wenn dir diese Idee vielleicht zunächst befremdlich vorkommt, versuche es einmal. Stelle dir dabei vor, solch ein Dialog wäre möglich, und nutze, was du beim leeren Blatt Nr. 4 »Botschaft meiner Seele« gelernt hast, um Anworten zu empfangen.

Mother Earth!

Die nordamerikanischen Indianer beten ähnlich auch zur Erde. Sie sprechen auch mit ihr wie mit einem vertrauten Wesen: »Mother Earth!« *Du, Mutter allen Lebens, ohne die es keine Nahrung gäbe, keinen Brennstoff, kein Wasser, keine Pflanzen, keine Tiere und auch uns Menschen nicht, bist die Grundlage von allem, was hier lebt und sich bewegt – und auch von dem, was sich nicht bewegt, den Steinen, Felsen und Gebir-*

gen. Obwohl natürlich, über große Zeiträume betrachtet, bewegen auch sie sich.

Die Erde trägt und hält uns, sie erdet und beruhigt uns. Sie steht in Verbindung zu jedem Grashalm und jeder noch so kleinen Ameise. Sie hat den Blick fürs Detail und sie ist ***die*** Meisterin im Manifestieren von großen und kleinen Dingen. Auf ihrer Oberfläche sind im Laufe von Milliarden Jahren dann schließlich auch nicht-biologische Dinge entstanden, etwa Autos, Windräder, Computer, Software und das Internet. Aber auch all das hat sich im Endeffekt aus ihr heraus entwickelt.

Wir Menschen achten und beachten das viel zu selten. Nur wenige westliche Menschen können sich dem Konzept öffnen, dass die Erde ein lebendiges, fühlendes Wesen ist, das wir ebenso ehren sollten wie unsere Ahnen. Denn Mutter Erde ist die Ahnin aller unserer Ahnen. Genauso wie die Ahnen freut sie sich, wenn wir uns freuen. Sie freut sich, wenn wir glücklich und heiter sind. Und wenn wir sonnig und voller innerem Licht auf ihrer Oberfläche leben. Sie hat so viel erlebt und verarbeitet, alles, was im Laufe der Zeit auf diesem Planeten passiert ist. Und ähnlich wie die Ahnen, teilt auch sie ihr Wissen und ihre Weisheit gerne mit uns, mit jedem Menschen, der sich dafür öffnet.

Deshalb bitten schon seit Jahrtausenden Suchende bei der Visionssuche Mutter Erde darum, sie dabei zu unterstützen herauszufinden, welche Lebensaufgabe ihre Seele mitgebracht hat, als sie sich hier in einer physischen Form auf diesem Planeten inkarniert hat. Denn wer sollte das besser wissen können als die Erde selbst?

Entsprechendes gilt auch für den Mond und die Sterne, die wir in unseren Städten vielfach gar nicht mehr sehen können. Es gilt auch für die Sonne, die von Römern, Griechen, Ägyptern und Azteken lange als Spenderin des Lebens und als Gottheit verehrt wurde. Alle Planeten sind Energien, die Einfluss auf unser Leben nehmen, mehr als uns das im Alltag bewusst ist. Vielleicht bist auch du fröhlicher, wenn die Sonne scheint, oder du gehörst zu den Menschen, die bei Vollmond nicht gut schlafen können?

Eine Übung im Freien zum Thema »Getragensein«

Vielleicht hast du dich ja schon, als du vorhin in den Himmel geschaut hast, mit dem Buch draußen ins Freie gesetzt. Falls nicht, gehe bitte jetzt mit dem Buch hinaus. Nimm dort bewusst auch den Kontakt zur Erde auf, zu ihrer ganz eigenen Schwingung. Wenn es warm genug ist, ziehe deine Schuhe aus. Es ist heilsam, so oft wie möglich oder so oft das Wetter es zulässt, draußen im Freien barfuß zu laufen. Dann kann die Energie der Erde unser ganzes Energiesystem direkt durch die Fußchakren erreichen und versorgen. Das geht deutlich langsamer und wird vermindert, wenn man beispielweise Schuhe mit dicken Gummisohlen trägt. Gummi isoliert, Ledersohlen sind da besser. Damit atmen die Füße auch besser.

Durch die Fußchakren strömt die Erdenergie in dein gesamtes System. Und du kannst ebenso umgekehrt einen Überschuss an energetischer Anspannung, wie es bei Stress oder Wut der Fall ist, abfließen lassen in die Erde. Diese weiß, wie damit umzugehen ist, um all das wieder aufzulösen.

Hocke dich bitte hin oder, sofern es warm genug ist, setze dich ins Gras oder lege dich direkt auf den natürlichen Boden. Ein geteerter Hof tut es zur Not auch, aber eine Wiese wäre besser oder beispielweise ein Sandstrand. Spüre die Erde, begrüße sie innerlich still oder auch laut ausgesprochen, ganz wie du möchtest, und fühle, wie sie dich trägt. Gib ab, gib dein Körpergewicht ab. Wenn du liegst, gib auch bewusst das Gewicht deines Kopfes ab. Dann sinkt er plötzlich noch einmal ein kleines Stück tiefer. Lege auch deine Arme und Beine wirklich ab. Vielfach halten wir sie selbst dann noch etwas fest, wenn wir glauben, schon entspannt zu sein. Genieße für eine Weile den Erdkontakt, so wie Menschen es schon vor Jahrtausenden und überall auf der Erde getan haben. Vielleicht spürst du das Geschenk, das die Erde dir geben möchte.

Du wirst getragen und kannst dich genauso wie vom Himmelsvater hoch über dir auch von der Mutter Erde unter deinen Füßen unterstützen und beraten lassen. Allein dieses Wissen kann Beruhigung und Erleichterung sein, wenn du in Nöten bist, gleich welcher Art.

Immer, wenn du dir Sorgen machst, kannst du – ganz gleich zu welcher Jahreszeit – hinausgehen und die Erde fragen: Welche Botschaft liegt in dieser Situation für mich verborgen? Welche Lernaufgabe wird mir gerade gezeigt? Was spiegelt mir das »Draußen«, was ich nicht aushalten kann oder will, über mich? Wie hat das seine Resonanz in mir? Oder einfach: Was könnte mir jetzt helfen, wieder zurück in die Balance zu finden?

Eine Übung im Freien zum Thema »Schmerz transformieren«

Was machst du, wenn ein Gefühl dich überrollt, wenn der Schmerz groß wird? Du willst in solch einem Moment noch nicht von deiner besten Freundin hören, dass das, was du gerade so schmerzhaft durchlebst, ein Spiegel deines eigenen Glaubenssystems ist. Nein, in dem Moment willst du nur Trost finden. Du wünschst dir, gehalten zu werden. Du willst dann keine weisen Belehrungen, sondern zunächst nur etwas Trost und wieder Halt finden. Dabei könnte die Erde dir helfen.

Es hilft dir in so einem Moment auch nicht, wenn du weißt, dass heftige Gefühle alten Ballast lösen und ihn ein für alle Mal aus deinem System hinauskatapultieren können. Dafür musst du sie zulassen, sie sein lassen, bewusst hinspüren und sie durchleiden, zumindest für eine Weile. Die Versuchung ist groß, sie stattdessen zuzudecken. Die Versuchung ist groß, sich abzulenken, vielleicht mit Arbeit oder lesend, mit geschäftigem Treiben, wichtigen Aufgaben oder fernsehend, mit Alkohol oder schlafend.

Lass stattdessen deine Gefühle, wenn sie sich von alleine gemeldet haben, zu. Schiebe sie nicht beiseite. Genieße die Lebendigkeit darin, hätte ich jetzt beinahe geschrieben. Das nehme ich hiermit zurück, sorry.

In solchen Moment, wo du dich so verletzt oder verletzlich fühlst, gib den Widerstand auf. Brülle es heraus, heule es heraus, mache diese Tür nicht wieder zu. Lasse zu, dass dadurch wie bei einer schmerzhaften Eiterwunde die alten Stacheln mit herausgeschoben werden. Mit dem, was dir jetzt gerade passiert, wirst du leider noch in irgendeiner Form umgehen müssen. Aber das Alte, was darunterliegt, die schmerzhaften alten Erinnerungen, die diese Krise in dir weckt, das damit verbundene alte Misstrauen, die alte Verzweiflung, Eifersucht oder Wut, lasse all das jetzt gehen. Lasse es heraus und wende dich – wenn du möchtest, dass es dieses Mal schneller und verhältnismäßig wenig schmerzhaft abgehen soll – damit an die Natur. Gehe hinaus und suche dir einen ungestörten Platz im Garten, im Park oder vielleicht im Wald. Bitte deine Seele, bitte die Energie der Erde, bitte die Kraft des Himmels, der Sterne und der Sonne um Hilfe. Falls Berge in der Nähe sind oder das Meer, ein Fluss oder ein See, wende dich, wenn du magst, auch an sie. Auf jeden Fall aber bitte deine Seele, wenn du magst auch deine Engel und die göttlichen Kräfte um Hilfe. Nimm auch mit der Seele des oder der Menschen, die dich so in Rage gebracht haben, Kontakt auf. Bitte auf Seelenebene auch sie darum, die Klärung zu unterstützen. Denn auch die andere Seele möchte diesen Konflikt lösen. Jede Seele, jeder Mensch wünscht sich genau wie du, nichts anderes, als frei, befreit, glücklich und gesund auf dieser Erde zu leben.

Bitte innerlich in solchen Momenten um Hilfe aus tiefstem Herzen und vertraue. Vertraue, dass auch dieser Schmerz gelöst und geheilt wird. Vertraue deiner inneren höheren Führung. Bitte darum, dass dieser Schmerz, dieser alte Stachel aus Leid, für immer aus deinem System entfernt wird. Bitte auch um Trost und um das Gefühl gesehen, gehalten und getröstet zu werden.

Dann machst du einen tiefen Atemzug und einen Schritt nach vorne. Und dann den nächsten Schritt. Du kannst dabei die Hände zu Hilfe nehmen, das Gespür der Hände oder das Gespür deines ganzen Körpers, um zu erspüren, wohin, in welche Richtung der nächste Schritt gehen soll. Und der nächste und der nächste. Atme bewusst. Gehe auf diese Weise so lange weiter, bis du spürst: »Hier bin ich richtig.« Das wird vermutlich gar nicht lange dauern, meist sind es nur einige Minuten. Schaue dich um, vielleicht ist da ein Baum, der dich ruft, oder du hörst einen Vogel zwitschern oder du siehst in den Zweigen über dir ein besonderes Muster oder in den Wolken. Vielleicht liegt da auch ein Stein auf dem Boden, der in deine Hand möchte.

Vielleicht lehnst du dich dann an einen Baum, nimmst dabei den Stein in die Hand und schaust hinauf in die Äste oder den Himmel. Lausche den Vögeln, bleibe gleichzeitig bei dir, bei deinem Gefühl und spüre oder schaue, bemerke, was passiert, wenn die Seelenqualität dieses Steins, dieses Baumes oder Vogels sich mit deiner mischt. Spüre, wie du gehalten wirst und Trost findest, auch wenn du dort allein stehst. Spüre, wie etwas dich ganz sanft berührt und beruhigt. Mit genau der richtigen Berührung in genau der richtigen Intensität. Hier findest du innerlich ein Gefühl oder einen Gedanken, der dir Trost spendet, vielleicht eine Erinnerung, ein inneres Bild oder andere Sinneseindrücke, die genau richtig sind für dich jetzt in dieser Situation. Ein Wind erhebt sich vielleicht und streichelt dir über die Wange oder streicht dir die Haare aus dem Gesicht. Oder du weißt schlagartig, hier bist du richtig. Du bist am richtigen Platz hier auf der Erde.

So kannst du erleben, dass Wolken, Bäume und Steine lebendige Wesen sind, Energiewesen mit einem enormen Erfahrungs- und Wissensschatz. Es sind Wesen, die etliches anders empfinden oder machen als wir, wenn sie zum Beispiel mit Gleichmut alles, etwa jedes noch so heftige Unwetter, ertragen, ohne zu grübeln und ohne verkopften Widerstand. Aber sie haben natürlich auch weit weniger Möglichkeiten des Selbstausdruckes als wir Menschen, und das sollte uns nachdenklich und dankbar machen.

Wie beginnst du deinen Tag?

So wie du den Tag begrüßt, so empfängt er dich auch. Vielleicht wirfst du bei einer schönen Tasse Tee, mit Genuss und in Ruhe getrunken, einen versonnenen Blick aus dem Fenster. Bitte höre nicht als erstes die Nachrichten. Fange den Tag natürlich an und auf jeden Fall positiv. Meditiere oder höre eine schöne Musik, die deine Stimmung hebt. Oder lies schon morgens als erstes in einem aufbauenden Buch. Oder du schreibst für eine halbe Stunde in dein Tagebuch oder an deinem eigenen Buch oder beginnst, ein Bild zu malen. Geh mit dem Hund spazieren oder setz dich für ein Weilchen ins Freie.

> Wenn du am Morgen erwachst, denke daran, was für ein köstlicher Schatz es ist, zu leben, zu atmen und sich freuen zu können.
>
> Marc Aurel

Was erbaut dich, was erhebt dich? Was bringt dich in Kontakt mit der oder dem, der oder die du wirklich bist? Welche Tätigkeit bringt dich in Kontakt mit dem oder der, der oder die du gerne werden möchtest? Tue genau das für 15 bis 20 Minuten jeden Morgen und präge so mental-emotional-energetisch deinen Tag. Alles folgt deinen Gedanken, auch der Verlauf, die Hektik oder die Ruhe eines Tages. Jeder Tag hat eine Essenz, die sich formen lässt, wie alle Energie.

Der heutige Tag auf deinem Silberpfad

Hier kommt eine schnelle SOULPATH-Technik, die du morgens durchführen kannst, wenn dir danach ist. Dazu kopierst du vom leeren Blatt Nr. 2 deine Zeichnung des Seelenpfades, so wie er ursprünglich vorgesehen war. Das geht gut und schnell auch per Hand auf einem anderen leeren Blatt Papier.

Wo liegt der heutige Tag auf deinem Silberpfad? Wo bewegst du dich gerade jetzt in deinem Leben? Möchtest du dich heute nah an deinem Seelenpfad bewegen, dich ihm wieder nähern? Lasse dir von deiner Seele zeigen oder erzählen, womit und wie du richtig liegst für diesen Tag. Denke dabei an das, was du beim Arbeiten mit dem leeren Blatt Nr. 4 »Eine Botschaft meiner Seele« erfahren und gelernt hast. Nun nimm diesen Tag, und mit einem beherzten kleinen silbernen Pünktchen verankerst du ihn dort neben der silbernen Kurve, wo er am besten hingehört. Dort, wo es ihm, dem Tag, und dir am besten geht.

Dein Körper, dein Heim: Heil werden

Wie fühlst du dich in deinem physischen Körper? Fühlst du dich in deinem Körper? Fühlst du deinen Körper? Magst du deinen Körper?

Stelle dich vor einen größeren Spiegel und schaue dich an. Bitte schau nicht mit deinem üblich-kritischen Alltagsdenken, sondern blicke dabei durch die Augen deiner Seele. Oder lasse die Seele durch deine Augen schauen. Schaue mit dem liebevollen Blick deiner Seele nach dem, was schön an deinem Körper ist, wunderbar und einmalig, wie beispielsweise dein Lächeln oder deine Augen, deine Hände vielleicht oder deine Sommersprossen. Lasse dir von deiner Seele mindestens drei wunderschöne körperliche Eigenschaften an dir zeigen. Dann bedanke dich bei deiner Seele und bedanke dich bei dir selbst, dass du diese wichtige, heilende Übung durchgeführt hast.

Vielleicht tut dir manchmal der Rücken weh oder dein Magen revoltiert gelegentlich oder deine Haut? Jedes Körperteil und jedes Organ hat seine besondere eigene Schwingung. Wenn sich die ursprüngliche, natürliche, intakte Schwingung aus welchen Gründen auch immer verändert, verschoben oder verzerrt hat, werden wir das früher oder später schmerzhaft merken.

Dann wende dich diesem Körperteil bewusst zu, nimm freundlich und liebevoll Kontakt zu ihm auf. Sprich innerlich mit ihm. Bedanke dich zunächst für alles, was dieses Organ oder dieser Körperteil bisher geleistet hat und frage, was ihm fehlt. Was bräuchte es, um wieder heiler und stärker zu werden? Sofern das möglich ist, lege deine Hände darauf und nimm auch so den Kontakt auf. Eventuell kannst du so erspüren, was dieser Körperteil braucht. Was möchte er vielleicht schon seit langem mitteilen, aber niemand, nicht einmal du selbst, hat ihn bisher verstanden.

Leeres Blatt Nr. 5: Die Heilkraft deines Körpers fördern

Mit dem nächsten (dieses Mal zweiteiligen) leeren Blatt Nr. 5 kannst du, wenn du körperliche Beschwerden hast, die Heilkraft deines Körpers unterstützen und fördern.

- Welche körperlichen Beschwerden belasten dich? Skizziere als erstes links (ins leere Blatt Nr. 5a) den Umriss des Körperteils. Das kann der Umriss deines Beines oder Armes genauso sein wie der deiner Gallenblase, deines Auges oder des Nervensystems. Du könntest in einem Fachbuch oder dem Internet nachschauen, welche Form das Organ, beispielsweise die Gallenblase, hat. Du kannst den Umriss der Form aber auch so hinzeichnen, wie er dir jetzt gerade intuitiv stimmig erscheint. Lasse den Stift sich dabei, wie du es nun schon kennst, wie von alleine übers Papier bewegen.
- Im zweiten Schritt verbildlichst du den derzeitigen Problemzustand. Dazu füllst du den leeren Umriss mit Farben, Mustern und Strukturen. Folge auch hier den Impulsen deiner Intuition, deiner Seele. Lasse deine intuitive innere Führung malen und die Form ein- oder mehrfarbig füllen. Es ist möglich, dass abstrakte, geometrische For-

men auftauchen oder auch konkrete Formen, wie beispielweise das Bild einer Landschaft oder einer Brücke. Male zügig aufs Papier, was immer sich spontan zeigt.

- Dann gehst du – bitte ohne eine Pause – direkt weiter zum zweiten Teil rechts, zum leeren Blatt Nr. 5b. Male dort denselben Umriss noch ein zweites Mal, zunächst auch wieder leer. Dann bittest du innerlich deine Seele darum, dir ein Bild des ursprünglichen, gesunden, natürlichen und kraftvollen Zustands dieses Organs zu zeigen. Auch das werden wieder Farben, Formen oder Strukturen sein oder auch Symbole oder konkrete Bilder. Die Zeichnung kann eventuell auch über den Rand der Form hinausgehen. Lasse alles zu, lasse es fließen. Wie von alleine und leicht entsteht so ein Bild deines geheilten Auges, Herzens oder Nervensystems.

  Ein Beispiel zweier solcher Bilder siehst du unten in der später folgenden Abbildung.

- Betrachte nun die zweite Zeichnung. Kannst du ihre Schwingung, Ausstrahlung und Energie spüren? Öffne dich für dieses Seelenbild, gehe in Resonanz damit. Lege dazu wieder deine beiden Hände rechts und links neben dem Buch ab, mit den Handflächen nach oben gerichtet. Verbinde dich bewusst mit dem Gefühl in beiden Händen, bevor und während du gleichzeitig mit peripherem Blick auf das Bild schaust. Öffne dein Herz und stelle dir vor, es öffnet sich auch das Energiefeld des entsprechenden Organs für dieses Bild und seine Schwingung. Schicke die Energiebotschaft des Bildes in den betreffenden Körperteil hinein.

- Kopiere das zweite, rechte Bild (bunt!). Du kannst es dabei vergrößern oder verkleinern. Lege oder hänge es an dein Bett. Vielleicht steckst du eine Kopie in deine Brieftasche, oder du fotografierst das Bild mit dem Handy, um es bei dir zu tragen. Positioniere es dort, wo dein Blick mehrmals täglich darauffällt. Wiederhole die oben beschriebene energetische Kontaktaufnahme mit dem Bild kurz, aber häufig jeden Tag. Am besten machst du das mindestens ein Mal pro Stunde, solange du wach bist. Denke dabei an deine Hände und den peripheren Blick. Dieser Trick macht es viel einfacher. Das solltest du mindestens drei Tage lang, nachdem du das Bild gemalt hast, deinem Körper zuliebe und für deine Heilung tun.

Die Kontaktaufnahme mit der Schwingung und der Information der Zeichnung gelingt mit jedem Mal etwas schneller. Schon nach wenigen Malen des Anschauens wird es dir vorkommen, als würdest du dabei in eine bereits aufgebaute und schon existierende Energieverbindung »wieder einsteigen«. Das gelingt dann meist innerhalb weniger Sekunden.

Einige Menschen haben mir berichtet, dass sie sich nach ein paar Mal so gut an dieses Bild erinnert haben, dass sie es gar nicht mehr physisch bei sich tragen mussten. Und einige haben erzählt, dass sie intuitiv damit begonnen haben, das Heilungsbild in den entsprechenden Körperteil hinein zu visualisieren. Auch das könntest du ausprobieren.

Falls das Problem, der Schmerz oder deine Beschwerden sich innerhalb von 72 Stunden nicht verändern sollten, falls sich der Zustand gar nicht verbessert, oder auch, falls dasselbe Problem später noch einmal erneut auftreten sollte, dann lässt sich diese SOULPATH-Technik erweitern und damit verstärken. Arbeite dann zusätzlich auch mit deinem ersten Bild (auf dem leeren Blatt Nr. 5a), mit dem Beschwerdenbild.

Falls du mit Kopien der beiden Bilder arbeiten möchtest, beispielweise weil du die einfacher bei dir tragen kannst, dann lege oder klebe sie so nebeneinander wie im Buch: Links das Krankheitsbild und rechts das harmonisierte Bild.

Dann schaust du (mit dem peripheren Blick) zunächst für einige Sekunden auf die erste Zeichnung mit dem alten, unerwünschten Zustand und wechselst dann mit deinem Blick schnell zum zweiten Bild. Hier verharrst du länger, mindestens doppelt so lang wie beim ersten Bild. Das machst du ein paar Mal: Schaue mehrfach hintereinander schnell vom linken zum rechten Bild, wo du jeweils ein Weilchen bleibst. Mache das möglichst entspannt und leicht. Immer wieder wechselst du schauend vom linken zum rechten Bild, vom beschwerlichen Zustand zum neuen, befreiten, geheilten Energiezustand. Dabei lernen dein Unterbewusstsein, dein Körper und dein ganzes System den Weg zurück in die natürliche Ordnung.

Leeres Blatt Nr. 5a: Die Heilkraft des Körpers fördern (Zeichnung 1)

Leeres Blatt Nr. 5b: Die Heilkraft des Körpers fördern (Zeichnung 2)

Das Ergebnis könnte zum Beispiel so aussehen:

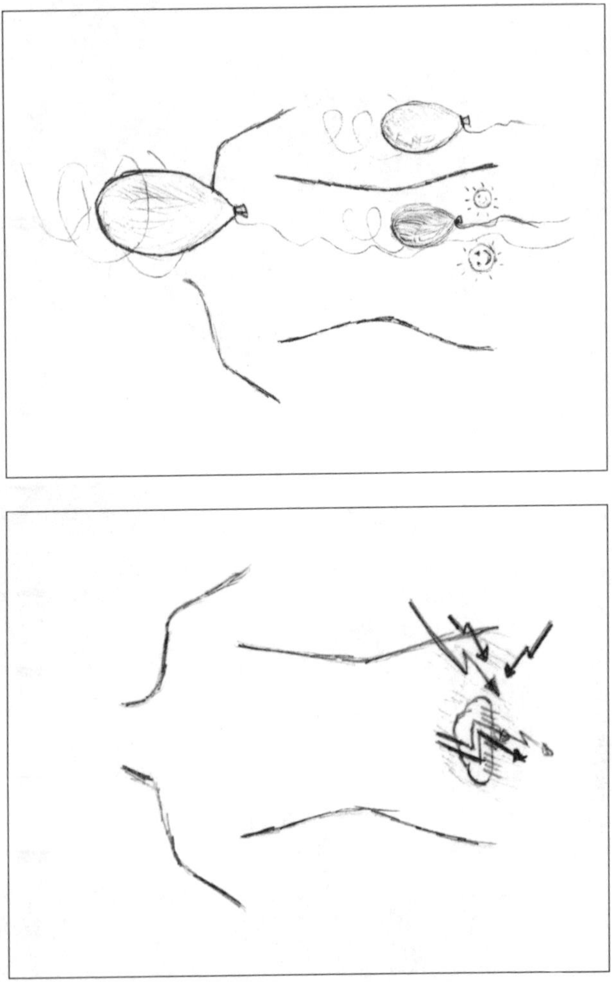

Beispiel-Zeichnungen bei Schmerzen im unteren Rücken

Hilfe in schwierigen Lebenssituationen

Diese Technik funktioniert nicht nur bei physischen Beschwerden, sondern auch bei emotionalen Problemen. Sie eignet sich bei Beziehungsproblemen genauso wie bei beruflichen Herausforderungen. Du kannst sie bei jedem Vorhaben, das dir aus unerfindlichen Gründen nicht recht gelingen will, einsetzen. Dazu arbeitest du mit dem Umriss einer Form oder eines Symbols, was für dich das Thema repräsentiert. Will dir dazu partout kein intuitiver Impuls kommen, nimm einen Kreis oder ein Viereck.

Die nächste Abbildung zeigt das Beispiel von jemandem, der sich mit dieser Methode geholfen hat. Als er aufgrund einer heftigen Auseinandersetzung mit einem emotional und finanziell aufreibenden Rechtsstreit seine Wohnung verloren hatte, stand er tatsächlich für eine Weile mit seinen Koffern auf der Straße und musste bei Freunden unterkommen. Mit der SOULPATH-Technik hat er sich, in der Zeit als die Lösung noch auf sich warten ließ, immer wieder beruhigt. Er hat (solange, bis die neue Bleibe dann doch plötzlich und unerwartet schnell auftauchte) mit Hilfe der beiden Bilder zurück in eine emotionale Sicherheit gefunden. Davor hatte er sich gefühlt, als sei ihm förmlich der Boden unter den Füßen weggezogen worden.

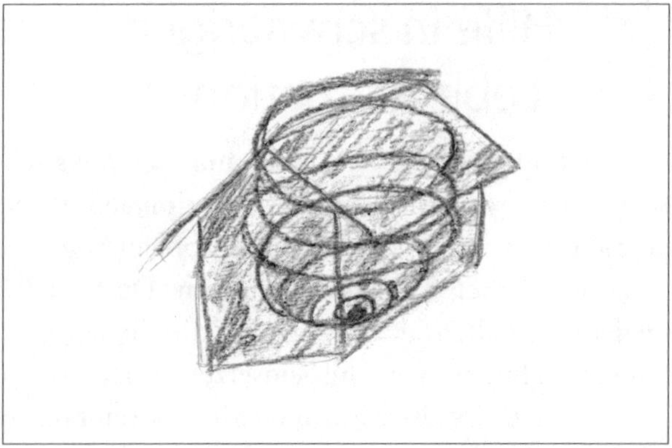

Beispiel-Bilder zum Thema »Wohnung verloren«

Die folgende Kurz-Zusammenfassung der Methode ist als schnelle Notfallhilfe für schwierige Situationen gedacht.

Schnelle Notfallhilfe für schwierige Lebenssituationen mit dem leeren Blatt Nr. 6

Lies dir bitte zunächst alle Schritte durch.

- **Schaue durch eine andere Brille**

Jeder hat einen Seelenpfad, und eigentlich sollten wir diesem unserem silbernen Faden selbstverständlich und intuitiv folgen. So ähnlich wie die Zugvögel, wenn sie im Herbst rein intuitiv die Flugroute von Europa zu ihrem Winterquartier in Afrika finden. Aus verschiedensten Gründen weicht jedoch bei vielen Menschen der tatsächlich beschrittene Lebenspfad (zumindest phasenweise) vom natürlich stimmigen Ursprungspfad ab. Dann wird das Leben beschwerlich. Deshalb liegt höchstwahr-

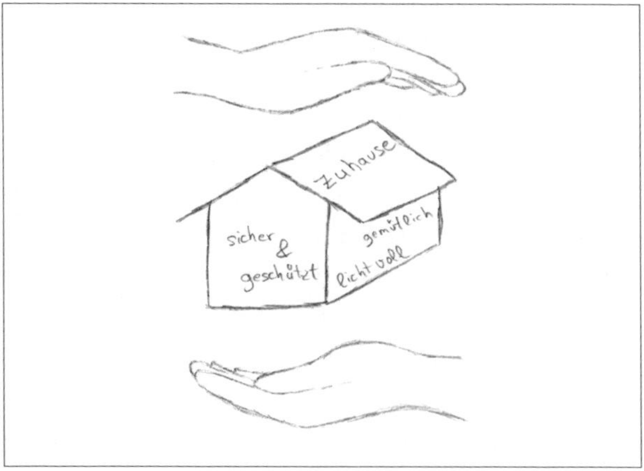

scheinlich der jetzige Zeitpunkt und die Situation, die dir jetzt gerade zu schaffen macht, auf einem Pfad, den du dir – aus welchen Gründen auch immer – selbst anders gewählt hast. Betrachte deshalb nun diese Situation aus der Perspektive deiner Seelenführung.

- **Den Umriss zeichnen**

Zuerst benutzt du den linken Teil des nächsten leeren Blattes Nr. 6. Sitze gerade, aufrecht und nimm innerlich eine möglichst gelassene Haltung ein. Vertraue so gut es dir im Moment gelingt. Rechts und links neben das Blatt legst du deine Hände mit den Handflächen nach oben. Schaue auf das Blatt und behalte dabei gleichzeitig die beiden Handflächen mit im Blick. Wie fühlen sich die Hände jetzt an? Spüre sie beide gleichzeitig. Bleib bei diesem Körpergefühl, während du mit peripherem Blick auf das weiße Blatt schaust.

Die folgenden Schritte könnten eventuell mit geschlossenen Augen und innerlich visualisiert leichter sein. Probiere das für dich aus. Stelle dir vor, du schaust durch die Augen deiner Seele. Oder stelle dir vor, deine Seele schaue durch deine Augen auf das leere Blatt. Sie gibt dir zunächst die Information über den Umriss einer Form, die ein Symbol für die Situation ist, die dich derzeit belastet. Zeichne nun diese Form.

Wenn du sie (noch) nicht klar hast, stell dir innerlich die Frage: Welche Form wäre es, wenn ich es wüsste, jetzt? Stelle dir vor, deine Hand und der Stift würden geführt. Zeichne beherzt und schnell los, auch wenn du zu Beginn noch nicht weißt, was da entstehen wird. Bei allen SOULPATH-Techniken ist es hilfreich, möglichst spielerisch, vertrauensvoll und vor allem flott vorzugehen. So hat dein rationaler Intellekt wenig Chancen, all das doch noch anzuzweifeln und damit zu behindern.

Deshalb: Leg los, du hast nichts dabei zu verlieren. Du kannst nur gewinnen. Zeichne nun den geschlossenen Umriss einer Form, die deine augenblickliche Situation repräsentiert, auf die linke Seite des Blattes. Du bekommst das hin!

- **Die innere Struktur**

Lege den Stift zur Seite. Stelle bewusst deine Füße flach auf den Boden. Am besten ziehst du deine Schuhe aus. Dann ist der Erdkontakt deutlicher spürbar, und deine Erdung wird stärker. Schaue wieder durch die Augen deiner Seele, nun auf die leere Form. Denke an deine Hände rechts und links neben dem Blatt. Nun lasse zu, dass deine

Seele dir visuell oder auch über Gefühle zeigt, welche Farben, welche Formen, welche Strukturen und Muster derzeit innerhalb der Form zu finden sind. Zeichne auch dies nun. Folge vertrauensvoll deiner Hand, dem Impuls deiner Intuition.

- **Die Situation auf dem wahren Seelenpfad**

Mache bitte sofort, ohne Pause, weiter. Nun gehst du zum leeren Blatt Nr. 6b »Harmonisierte Situation«. Zeichne hier noch ein Mal den leeren Umriss genauso oder möglichst ähnlich wie beim ersten Bild. Dann arbeite aus der folgenden Perspektive heraus weiter:

Stelle dir vor, es gäbe den jetzigen Zeitpunkt und deine momentane Lebenssituation auch auf dem ursprünglichen, auf deinem für dich natürlicherweise idealen Seelenpfad. Diese ursprünglich von der Seele so für dich geplante Version des Jetzt wäre stimmiger und auch leichter für dich.

Du suchst jetzt einen Zugang zu dieser alternativen Situation, zu deren Schwingung und Information. Lege dazu deine Hände seitlich neben den Kasten mit dem zur Zeit noch leeren Umriss. Denke daran, dich mit dem Handgefühl zu verbinden und auch an den peripheren Blick.

Wie würde dieser Umriss (bunt gefüllt) aussehen, wenn die ursprüngliche, natürliche Ordnung wieder in Kraft treten würde? Folge den Impulsen deiner Hand, lasse *sie* einfach machen. Zeichne zügig und möglichst gelassen Muster und Farben in den Umriss.

Fertig?! Du kannst stolz auf dich sein!

• Den Transformationsimpuls aufnehmen

Betrachte das zweite Bild und verbinde dich innerlich damit. Dazu legst du es vor dich hin, deine Hände wieder mit den Handflächen nach oben rechts und links daneben. Verbinde dich mit dem Gefühl in beiden Händen, schaue mit weichem, weitem Blick auf das Bild, nimm seine Schwingung auf, so gut es dir gelingt. Über die Augen, über das Herz und über das Energiefeld, das deinen Körper umgibt.

Das wird dir immer schneller gelingen, je öfter du das Bild betrachtest. Bald brauchst du nur noch Sekunden dafür. Du wirst auch bemerken, wie sich allmählich die Schwingung und Energie der Zeichnung, dieser Botschaft deiner Seele, verstärkt. Wie sie für dich immer deutlicher spürbar wird. Nimm diesen Kontakt zum Bild so oft wie möglich auf in den nächsten Tagen. Du kannst das Bild bunt kopieren und es dabei nach Bedarf vergrößern oder verkleinern, so dass du es bei dir tragen oder an Orten aufhängen kannst, wo du es häufig siehst.

Sollte sich dabei nach drei Tagen die Situation oder dein Empfinden dazu nicht geändert und verbessert haben, dann arbeite mit beiden Bildern. Wenn du mit Kopien der Bilder arbeiten möchtest, beispielweise weil du die einfacher bei dir tragen kannst, dann lege oder klebe sie so nebeneinander wie im Buch: Links die Zeichnung der schwierigen Situation und rechts die Zeichnung der harmonisierten Situation.

Dann schaust du (mit peripherem Blick) zunächst kurz, für etwa fünf bis acht Sekunden, auf die erste Zeichnung mit dem alten, unerwünschten Zustand und wechselst dann mit dem Blick schnell zum zweiten Bild. Hier verharrst du etwas länger, mindestens für etwa 15 Sekunden. Das machst du ein paar Mal: Schaue mehrfach hintereinander schnell vom linken zum rechten Bild, wo du jeweils ein bisschen länger bleibst. Das ganze dauert etwa zwei Minuten. So lernen dein Unterbewusstsein und dein ganzes System den Weg aus der verstrickten Situation in eine befreite, für dich angenehme und stimmige. Und das erstaunlich schnell.

Leeres Blatt Nr. 6: Notfallhilfe für schwierige Lebenssituationen

Leeres Blatt Nr. 6a: Zeichnung der schwierigen Situation

Leeres Blatt Nr. 6b: Harmonisierte Situation (2. Zeichnung)

Partnerwahl

Die nächste SOULPATH-Technik beruht auf deiner früher erstellten Lebenspfadzeichnung, die dabei weiter ergänzt wird. Du kannst damit wertvolle Hinweise über dein Zusammensein und Zusammenwirken mit anderen Menschen erhalten. Dabei ist unerheblich, ob es sich um einen zukünftigen Lebenspartner handelt, einen neuen Arbeitskollegen oder Projektpartner im weitesten Sinne. Auch ob eine geplante neue Zusammenarbeit oder Kooperation mit einer Firma oder Institution stimmig ist, lässt sich so erforschen. Du kannst die Technik auch benutzen, um die Entscheidung für ein geeignetes Reitpferd oder einen neuen Wohn- oder Lebensort zu treffen. Wir betrachten im Folgenden exemplarisch und im Detail das Vorgehen bei der Entscheidung für einen passenden neuen Lebenspartner.

Gerade bei der Partnerwahl ist es wichtig, tiefer zu schauen. Nicht die Augenfarbe, der Beruf, das Auto oder das Bankkonto sind hier entscheidend, sondern ob der Verlauf eurer beiden silbernen Fäden, der vorbestimmten Pfade eurer Seelen, zueinander passen. Dann wird in einer Partnerbeziehung für jeden von euch sein silbernes Band gestärkt und immer deutlicher spürbar werden. Dadurch wird für jeden von euch der persönlich stimmige Lebensweg klarer und noch leichter zugänglich. Das sollte das vorrangige Ziel einer guten Partnerschaft sein, den anderen dabei zu unterstützen, seinen silbernen Seelenpfad zu finden und ihm zu folgen. Am besten gelingt das, wenn von vornherein die Form und die Windungen eurer Pfade miteinander harmonieren.

> Wie schaffst du es, einen anderen zu lieben, indem du einfach du bist? Ja, du! Nicht jemand, den der andere sich mutmaßlich wünscht. Erwarte nichts von anderen, insbesondere nicht am Anfang einer Beziehung. Dann sei rücksichtslos und mit hemmungsloser Hingabe der, der du bist. Du zu sein, hilft auch dem anderen, zu wachsen und sich mehr und mehr wohl damit zu fühlen, wer er in Wirklichkeit ist. (...) Es ist an der Zeit aufzuhören, andere als Entschuldigung dafür zu benutzen, nicht du zu sein.
>
> Tom Bird, »Write from God«

Leeres Blatt Nr. 7: Partnerwahl

Wenn du jemanden kennengelernt hast und erforschen möchtest, wie gut er oder sie zu dir passt, benutze das nächste leere Blatt. Bevor du loslegst, lies dir bitte zunächst alle Schritte durch.

- Schaue dir noch einmal weiter vorne im Buch an, wie dein tatsächlich gelebter Pfad aussieht. Kopiere ihn mit deinem silbernen Stift aufs Blatt Nr. 7a. Kopiere auch den Punkt, der deine derzeitige Position darstellt.

  Nun bitte deine innere Führung, deine Seelenkraft und auch die des anderen Menschen darum, dir zu helfen. Letzteres ist deshalb möglich, weil es hier um eine wichtige Entscheidung geht, die euch beide betrifft. Es ist eine Entscheidung, die euch beide auf Dauer entweder glücklich oder aber auch unglücklich machen kann. Es ist auch eine Entscheidung, die potentiell den weiteren Lebensweg ernsthaft behindern könnte. Deshalb bitte bei diesem Prozess beide Seelen, dir zu helfen, zum Besten aller Beteiligten. Das sind bei einer Paarbeziehung in der Regel mehr Menschen als nur ihr beiden. Beispielsweise bist du bei einer Eheschließung oder wenn ihr zusammen Kinder bekommt automatisch auch mit dem Familienverbund deines Ehepartners oder des anderen Elternteils deines Kindes verbunden. Du bist dadurch dann auch mit den Qualitäten und Potentialen der anderen Familie verbunden, mit allem, was diese Familie im Gegensatz zu deiner Herkunftsfamilie deutlich besser meistert oder gemeistert hat. Aber du wirst auch durch das berührt, was in der anderen Familie Probleme, Leiden, Grenzen und Tabus schafft.

- Im zweiten Schritt fügst du in deiner Zeichnung zusätzlich den Punkt der derzeitigen Position deines potentiellen Partners hinzu. Mache dir bewusst, dass auf die Zeitachse die Jahreszahlen (auch wenn diese da nicht explizit eingetragen sind) liegen. Das bedeutet, dass der zweite Positionspunkt, den du gleich zeichnen wirst, horizontal gesehen dieselbe Position hat, wie dein Punkt. Nur die Höhe des zweiten Punktes variiert und ist (in den meisten Fällen) anders als bei dir.
- Bitte nun deine sowie auch die andere Seele, dir dabei zu helfen, auf dem Blatt zusätzlich in einer anderen

Farbe – Gold wäre schön – den Punkt der ***derzeitigen*** Position des potentiellen Partners zu markieren. Lege dazu, wie du es schon kennst, vorher kurz den Stift beiseite und deine Hände wieder rechts und links neben das Blatt mit den Handflächen nach oben. Erinnere dich an den peripheren Blick und daran, durch die Augen deiner Seele, und jetzt auch durch die Seele des anderen, auf die Zeichnung zu schauen. Du kannst dies, wenn dir das angenehmer ist oder es dir leichter fällt, mit geschlossenen Augen visualisieren.

Du schaffst hier nichts aktiv selbst, sondern du empfängst die Informationen, so ähnlich wie in dem früher beschriebenen, kleinen Dorf die Eltern den Namens ihres Kind vor dessen Geburt gehört haben.

Es ist förderlich, wenn du dabei entspannt und möglichst zügig agierst. Grübelnd oder analytisch nachdenkend wird es schwer, wenn nicht unmöglich. Folge deshalb am besten dem ersten Impuls und setze beherzt den zweiten Punkt ins Bild. Dann, direkt danach, erkennst du auf dieselbe Weise auch, wieder von euren beiden Seelen geführt, wo in dem Bild der Faden, der derzeitige Lebensweg deines potentiellen Partners verläuft. Zeichne ihn nun mit einem beherzten Schwung in der zweiten Farbe auch (wieder von links nach rechts) aufs Papier.

- Betrachte nun die Zeichnung. Woran du erkennst, ob die Form der beiden Pfade und deren Windungen miteinander harmonieren, fragst du dich vielleicht? Bleibe weiterhin in dem meditativen Zustand, mit deiner (bzw. eurer) Seelenkraft verbunden. Du kannst es deutlich spüren, wenn du so, wie du es gelernt hast, auf das Bild schaust. Es gibt hier keine festen, generell gültigen Interpretationsregeln. Alles, was du hier erfährst, ist einzigartig und genau für dich passend. Deshalb folge auch bei der Interpretation deiner Intuition, der Führung deiner Seele bzw. der eurer beider Seelen. Vielleicht meldet sich spontan ein Gefühl, oder eine Idee schießt dir durch den Kopf. Wenn nicht, schließe kurz deine Augen und schaue, lausche und spüre in dich. Was siehst du innerlich? Welche Farbe oder welches Bild taucht vielleicht auf? Oder vielleicht hörst du innerlich etwas? Ein Wort oder einen Satz? Welches Gefühl meldet sich? Das kann ein Körpergefühl genauso sein wie eine bestimmte Emotion.

- So betrachtest du eure beiden tatsächlich gelebten Lebenspfade, vergleichst sie miteinander und erforschst damit die Energieessenz der weltlichen Dimension dieser potentiellen Partnerschaft. In einer Liebesbeziehung oder Lebensgemeinschaft, in einer Ehe oder bei gemeinsamer Elternschaft sollte das oberste Ziel sein, sich gegenseitig dabei zu helfen, glücklicher und authentischer zu leben. Das Ziel sollte sein, sich gegenseitig dabei zu unterstützen, immer mehr in die eigene Kraft zu kommen sowie den idealen, natürlicherweise vorbestimmten Silberfaden (wieder) zu aktivieren. Das ist auch dann so, wenn dies den beiden Partnern oder einem von beiden nicht bewusst ist.

- Der nächste Schritt dieses SOULPATH-Prozesses besteht nun darin, dass du die Schritte 1 bis 3 analog auf dem Blatt Nr. 7b für eure beiden idealen, natürlicherweise vorbestimmten Silberfäden wiederholst.

Du kannst diese Technik auch benutzen, um die Beziehung zu einem Arbeitskollegen zu durchleuchten, zu einem potentiellen Arbeitgeber oder bei der Suche nach einer neuen Tagesmutter für dein Kind. Sollte es anstehen, sich zwischen mehreren potentiellen Partnern, Mitarbeitern oder Projekten zu entscheiden, kannst du diesen Prozess mehrfach durchführen, für jeden dieser Partner einzeln. All das funktioniert – glücklicherweise! – nur dann, wenn die andere Seite, die andere Seele, kooperiert. Deine Absicht sollte also dabei aufrichtig und ehrlich sein und das Beste für alle Beteiligten im Sinn haben.

Leeres Blatt Nr. 7a: Zeichnung der beiden aktuellen Lebenspfade

Leeres Blatt Nr. 7b: Die beiden Seelenpfade

Dein volles Potential

Du bist einzigartig, in dir steckt so viel Potential, von dem du vieles noch nicht nutzt. Du, der du jetzt gerade diese Zeilen liest, bist so viel intelligenter als du es selbst jetzt erkennst. Deine Kreativität ist grenzenlos, vor allem dann, wenn sie sich mit dem Ruf, dem Wissen sowie dem Plan deiner Seele verbindet. Willst du dein volles Potential entfalten, bleibe auch in Kontakt mit der Schönheit dieser Erde. Gehe oft hinaus, am besten täglich, und betrachte sie. Sonnenaufgänge warten auf dich, endlos weite Sternenhimmel, Sternschnuppen, wundervolle Wolkenformationen, Tiere und Blumen in allen nur erdenklichen Formen und Farben. Unsere Welt ist so wunderschön, und uns stehen so viele Möglichkeiten offen. Beispielsweise können wir schreibend alles Mögliche (und Unmögliche auch!) erdichten, dabei ganze Welten erschaffen und neue Dimensionen. Du kannst deine inneren Bilder und Ideen malen oder vertonen. Du kannst mit deinem Körper Wunder vollbringen, manche können sportliche Rekorde brechen, so dass alle, die sie beobachten, den Atem anhalten. Du kannst aber genausogut auch nur gemütlich schlendernd spazierengehen und dabei die Wolken beobachten. Du kannst Architekt werden und die verrücktesten Häuser bauen. Oder als Ärztin Kranke heilen. Du kannst Innenarchitekt oder Ingenieurin werden oder fünf Kinder zur Welt bringen.

Was immer dich interessiert oder fasziniert, heute ist es nicht zuletzt dank des Internets so leicht, etwas Neues zu erlernen oder entsprechende Informationen zu recherchieren. Du kannst Rosen züchten, als Freiwilliger in Borneo helfen, Orang-Utans zu retten oder in eurem Garten Nistkästen für Meisen aufhängen. Es gibt so viel, was du tun, auf die Beine stellen und dabei genießen kannst. Nutze deine Freiheit, bitte nutze sie. Lediglich von 9 bis 17 Uhr etwas zu arbeiten, was dir keinen Spaß macht, dir dann abends erschöpft nur noch ein Bier reinzuziehen und das Fernsehprogramm, bringt diese Welt nicht weiter. Und du wärst so auch nicht zufrieden mit deinem Leben. Schaue tiefer als das Offensichtliche, weil dir dann so vieles möglich wird.

Was weckt deine Leidenschaft? Was wolltest du vielleicht schon immer einmal ausprobieren? Erlaubst du dir gelegentlich, groß zu träumen? Vielleicht davon, selbst ein Buch schreiben und BestsellerautorIn zu werden. Oder davon, als HeilerIn zu arbeiten oder einmal mit Delfinen zu schwimmen? Vielleicht davon, irgendwann nach Hawaii zu reisen oder dein selbst designtes Gartenhaus eigenhändig zu erbauen? Worin besteht dein Traum?

Manchmal erleben wir Momente, in denen wir unser wahres Potential erahnen können. Und es gibt die Tage, an denen würdest du am liebsten deinen Chef, deinen Lehrer, deinen Was-weiß-ich auf den Mond schießen, und du spürst, der Alltag engt dich so sehr ein. Du spürst: »Ich lebe total an dem vorbei, was ich eigentlich will!«

Kira: »So habe ich das erlebt«

Vor Jahren haben mein Mann und ich im Teton-Nationalpark in den USA gezeltet. Der Park wurde vor etwa 90 Jahren eröffnet, mit dem Ziel, den Besuchern einmalige Naturerlebnisse zu ermöglichen. Hier wird alles darangesetzt, dass dieses Gebiet unverändert so bleibt, wie es ist, wie es vor 90 Jahren war. Es darf nichts verändert oder bebaut werden, und es gibt deshalb auch keine Hotels oder Restaurants im Parkgebiet.

Am ersten Tag dort fuhren wir mit unserem Mietwagen gemächlich und ohne Plan kreuz und quer durch diesen wunderschönen, an vielen Stellen alpin anmutenden Nationalpark. Wir wollten einen ersten Eindruck gewinnen, mit dem Terrain vertraut werden und innerlich hier ankommen. Die weite Landschaft ist so grandios, dass ich bald bemerkte: Mein Verstand kann die vielfältigen Eindrücke gar nicht alle erfassen und verarbeiten.

»I can't grasp this. It is just too grand, too much, so marvelous«, (Ich fasse es nicht, es ist einfach zu viel, zu großartig, zu wunderbar.) habe ich damals abends am Telefon zu einem amerikanischen Freund gesagt, der leider mittlerweile seinen Körper schon verlassen hat. Eines der Geschenke, die er mir hinterlassen hat, war seine Antwort darauf, die ich seitdem in vergleichbaren Momenten immer erinnere: »But dear, you cannot grasp it! That's absolutely impossible. Let it grasp you!« (Aber Liebes, das kannst du nicht erfassen! Das ist absolut unmöglich. Lass stattdessen du *dich davon ergreifen!)*

Im Park entdeckten wir eine kleine alte Kapelle, die »Chapel of Transfiguration«. Sie ist von *außen nur ein kleines, unspektakuläres Blockhaus. Auf den ersten Blick ist sie nichts*

Besonderes. Aber sobald man sie betritt, fällt einem innen die Lichtenergie, die Großartigkeit dieses Ortes durch das Altar»bild« förmlich entgegen. Besonders, wenn man damit vorher nicht gerechnet hat. So war es damals bei mir. Ich hatte nie von dieser Chapel gehört. Mein silberner Faden hatte mich »zu-fällig« dorthin geführt. Mein Mann und ich haben damals dieses kleine Blockhaus, das aussieht wie aus einem Cowboyfilm, ehrlich gesagt, hauptsächlich deshalb betreten, weil wir für eine Weile im Schatten sitzen und der gnadenlos heißen Sonne entgehen wollten.

So betraten wir das Blockhaus. Da es nicht sehr groß ist, steht man schnell vor dem unglaublichen Altar. Das ist ein schlichter, solide gebauter Holztisch, der auch ein bisschen aussieht wie aus einem Cowboyfilm. Darauf stehen zwei Kerzen rechts und links und in der Mitte ein schlichtes Holzkreuz. Alles ganz einfach, aber das Umwerfende ist das Altar»bild« darüber. Nie hatte ich die göttliche Dreifaltigkeit so lebendig, so gewaltig, so präsent, so leuchtend und so berührend gesehen und gespürt. Denn direkt hinter und über dem Altartisch befindet sich ein großes, breites Fenster. Dadurch fällt der Blick in die Weite der Landschaft und direkt auf drei hohe, majestätische, wunderschöne und relativ dicht beieinanderliegende Berggipfel. Diese waren für mich in dem Moment nicht nur einfach beeindruckende Berggipfel, sondern göttliche Präsenzen. Meisterpräsenzen! Ehe ich begriff, wie mir geschah, zog es mich in einen tiefen heiligen Raum. All das passierte mir spontan und fast unmittelbar, nachdem ich die Kapelle betreten hatte. In dem Moment war mir schlagartig so deutlich, so präsent und greifbar, dass die Natur unserer

Erde und dass diese Bergwelten viel mehr sind als nur Steine, Pflanzen, Tiere und Gewässer.

Es sind ewige, kosmische, göttliche Präsenzen, und die Schöpferkraft, die Schönheit, die Wunderkraft Gottes ist in ihnen so lebendig und präsent. Wenn man in dieser kleinen Kapelle sitzt oder steht, braucht man nicht bewusst zu meditieren. Keinerlei Bemühung ist notwendig, keine Technik, keine Anleitung: Dieser Raum nimmt dich mit in eine Dimension hinter dem Alltäglichen.

Ich habe damals buchstäblich weiche Knie bekommen. Sprachlos habe ich mich in die erste Bankreihe gesetzt, und Tränen liefen mir übers Gesicht. Ja, ich muss zugeben, ich habe auch versucht, es zu fotografieren, aber alles, was ich mit der Kamera festgehalten habe, wurde dieser kraftvollen Präsenz nicht gerecht. Ich habe dort heftig geweint und laut dabei geschluchzt. Wie die Fügung und die Führung es wollten, waren mein Mann und ich zufällig in diesem Moment, und für die ganze nächste Stunde, allein in der Kapelle. Was wir in den folgenden Tagen, an denen wir die Kapelle täglich immer wieder besucht haben, um die Kraft, die Präsenz und das Wunder dieses Ortes noch einmal zu genießen, nie wieder erlebt haben. Stets waren da auch andere fotografierende, redende oder sonst wie aktive Touristen mit im Raum. Aber an diesem ersten Nachmittag saß ich dort allein. Das Heimweh, meine tiefe Sehnsucht nach dem, *nach einer echten, lebendigen Verbindung zu meiner Seele und zum Göttlichen hat mir das Herz fast zerrissen. Das ist viele Jahre her, und die Tränen fließen mir auch jetzt noch, während ich mich schreibend daran erinnere.*

In diesem heiligen Raum öffnete sich mein Herz. Die Sehnsucht und das innere Drängen danach, in diesem Leben endlich das wahrwerden zu lassen, was mir potentiell möglich ist, wurden übermächtig. Das sichere Wissen durchflutete mich, dass mir und dass uns Menschen generell so viel mehr möglich ist, als wir in unserem Alltag auf die Beine stellen. Ich spürte Schmerz und eine tiefe Trauer darüber, dass ich und dass wir nicht das tun und leben, was uns grundsätzlich möglich wäre. Dass wir stattdessen blind dem folgen, was uns durch die Gesellschaft, unsere Schulen, unsere Lehrer, unsere Eltern (ich weiß, sie taten ihr Bestes und wussten es nicht besser) vermittelt wurde. Wir alle beschränken uns so sehr, viel zu sehr.

Ich hatte, während ich dort tränenüberströmt in der Chapel saß, eine Art Wachtraum. Ich habe nie überprüft, ob das, was ich damals vor meinem inneren Auge sah, den Tatsachen entspricht. Wichtiger als historische Fakten war und ist für mich die Botschaft hinter diesen Bildern.

Ich habe gesehen, wie der Erbauer der Kapelle damals diesen Ort entdeckt hat. Er hatte sich auf einer Wanderung hier an dieser Stelle niedergesetzt. Auch er wählte dabei den Platz zufällig, denn auch er wollte damals nur für ein Weilchen verschnaufen.

Dabei entdeckte er dort diese monumentale Verkörperung der göttlichen Dreifaltigkeit in der Gebirgskette. Er hat im selben Moment auch vor seinem inneren Auge schon den Innenraum der Kapelle und dieses einmalige Altarbildfenster gesehen. Er hat sich das selbst nicht ausgedacht. Niemals könnte unser Verstand aus eigener Kraft solche Türen in andere Dimensionen finden und öffnen. Solche Art von Genialität kann dir nur zufliegen, von der Seele zugeflüstert werden in Momenten, an denen du offen dafür bist. Dieser Geistesblitz des Erbauers der Chapel, damals dort vor vielen Jahren, ist eine Art Wunder gewesen. Vergleichbares könnte jedem von uns auch begegnen, wenn wir nur offen dafür wären. Er hat damals diesen Altar ganz klar vor seinem inneren Auge gesehen: Den schweren Holztisch mit dem schlichten Kreuz vor beziehungsweise unter dem großen Fenster und die schlichte Blockhütte drumherum. In diesem Moment hat er Gott versprochen, diese Kapelle zu erbauen. Denn diese Kapelle, dieser Raum, würde jedem Menschen, der sie betritt – auch in zukünftigen Zeiten, nachdem er, der Erbauer, seinen Körper schon lange verlassen haben würde – ermöglichen, das zu sehen und erkennen, was er in diesem heiligen Moment gesehen und erkannt hatte; und das auch ohne Meditationserfahrung oder irgendeine Anleitung von außen. Sondern es würde einfach so jedem Besucher, der offen dafür ist, geschenkt werden.

Diese kleine Kapelle schenkt jedem Menschen diesen Zugang, selbst wenn er nur ganz kurz auf einer Reise nach dem Motto »Erkunden Sie die USA in nur zwei Wochen« hereinschaut. Alle Menschen, die offen dafür sind – gleich welchen Alters, welcher Hautfarbe, welchen Geschlechts, welcher Nationalität oder welcher Religionszugehörigkeit – können hier unmittelbar spüren: »So ist es, geführt zu werden. So fühlt es sich an, seinem silbernen Faden, dem eigenen silbernen Faden der Seele zu folgen.« Sie werden, ehe sie sich versehen oder es rational begreifen, einfach hineingeworfen in diese Erfahrung, so, wie ich es damals wurde und bis heute noch, viele Jahre später, davon berührt bin. Welch wunderbares Geschenk! Ich habe dort klar gespürt und erkannt: Vergleichbares wäre jedem Menschen möglich. Wir müssten dazu lediglich einen Auftrag Gottes ausführen. Denn im Grunde war die Ausführung damals einfach. Den Bauplan und das gesamte Konzept hatte Gott schon vorgefertigt.

Es brauchte dann nur noch etwas Holz, das es in den Wäldern der Umgebung reichlich gab, etwas Geld vielleicht sowie die Zeit und den Einsatz von einigen Freiwilligen. Aber darüber hinaus lag das Vorgehen auf der Hand. Es war klar, was zu tun war und was geschehen musste, um ein kleines (leider viel zu unbekanntes) Weltwunder zu erschaffen. Denn nachdem das Göttliche es geschafft hatte, diesen Mann zu erreichen und nachdem dieser Mensch sich innerlich zur Ausführung verpflichtet hatte, danach war alles weitere ein Kinderspiel. Es war ein lächerlich geringer Aufwand, um ein solches Geschenk für die Menschen für Jahrhunderte zu erschaffen.

> Das Wichtigste ist, offen zu sein für das, was sich durch dich ausgedrücken will. (...) Wahre Kreativität entsteht aus der Vereinigung mit dem Göttlichen, mit dem Mystischen und Unbekannten. Dann ist es eine Freude für den Schaffenden und ein Segen für andere.
>
> Osho, »Osho Zen Tarot: Das transzendentale Zen-Spiel«

Es ist kaum möglich, dass wir selbst uns aus unserer menschlichen Begrenztheit heraus so etwas ausdenken könnten. Vergleichbares, wie die Idee solch einen genialen Altar zu erbauen, kann einem nur geschenkt werden. Und das wird es auch ständig. Beispielsweise in Form von

Melodien, Liedern, ganzen Opern oder Popsongs. Gemälde sind so entstanden, Gedichte, Gebäude, Bücher, neue Heil- und Meditationsmethoden und vieles andere mehr – von Menschen, die sich entschlossen haben, unbeirrt, egal was andere dazu oder über ihre Verrücktheit sagen würden, ihrem silbernen Faden zu folgen. Jeder Mensch hat von Natur aus das Zeug zum Genie. Denn jede wahre Genialität ist immer die Genialität Gottes, nicht die eines kleinen menschlichen Intellekts und Egos.

Leider ist es nicht immer so, dass Gott uns schnurstracks zum passenden Ort führt, damit wir dort unsere Kapelle bauen und dann auch noch die Konstruktionspläne mitliefert. Und wir wissen nicht, was der Erbauer der »Chapel of Transfiguration« vorher schon erlebt und vielleicht durchlitten hatte, wie oft er etwas ausprobiert, dann wieder gezweifelt und verworfen hatte.

Die starke Präsenz innerer Führung, der Ruf und der Rat der Seele melden sich auch – und dann von alleine! – wenn unser Leben in Gefahr ist oder wir in ernsthafter Gefahr. Denn sobald wir in echter existenzieller Gefahr sind, steht vor Schreck unser Verstand still. Das ist eine Art automatisch eingebaute Sicherheitsvorkehrung. Dann stoppt unmittelbar das Gedankenkarussel im Kopf, mit dem der Verstand uns so oft auf Trab hält. Dann, wenn es wirklich gefährlich wird, schalten wir, schaltet ohne unser bewusstes Zutun irgendetwas in uns automatisch um auf reine Körperintelligenz und pure Intuition, auf den Überlebensinstinkt. Wenn man später im Nachhinein eine solche Situation im Detail anschaut, wird in vielen Fällen deutlich, dass uns da eine sehr weise Kraft geführt hat.

Kira: »So habe ich das erlebt«

Ich ahnte damals nicht, wie fatal sich an diesem schicksalshaften Wochenende die schon lange schwelende Beziehungskrise mit meinem damaligen Freund zuspitzen würde. Ich hatte beschlossen, ihn zu verlassen, weil er mich mit seiner ständigen und zudem unbegründeten Eifersucht erstickte. Immer wieder hatte er versucht, mir vorzuschreiben, wie ich mich zu kleiden hätte, und meine Freizeitaktivitäten einzuschränken. Noch bevor ich ihm mit zitterigen Knien sagen konnte, dass ich beschlossen hatte, unsere Beziehung zu beenden, zog er plötzlich einen geladenen Revolver aus der Tasche.

Er richtet ihn aus etwa 50 cm Entfernung auf meinen Kopf und spannt den Hahn. Noch bevor ich realisiere, was hier eigentlich läuft, sehe ich, dass seine Augen seltsam glänzen, so als sei er in einem Fieberdelirium. Hatte er wieder Drogen genommen? Ich spüre ein starkes elektrisches Feld auf meinem Kopf und verstehe im selben Moment, warum es heißt: »Da standen ihm die Haare zu Berge.« Und ich denke noch, ja so crazy funktioniert unser Verstand: »Aha, da kommt dieser Spruch also her!« Dann merke ich – während sich plötzlich alles verlangsamt und wie im Zeitlupentempo geschieht – wie Angst in mir hochkriecht. Todesangst. Ich höre eine Stimme in meinem Kopf, die sagt: »Wenn er diese Angst in deinen Augen sieht, dann drückt er ab. Dreh dich um! Dreh dich jetzt sofort um!«

Bevor ich Gelegenheit habe, darüber nachzudenken, dreht sich mein Körper auch schon von alleine, langsam, ganz langsam, um. Ich stehe nun mit dem Rücken zu ihm, zu diesem Unberechenbaren. Dicht hinter mir steht er, vor Eifersucht rasend, mit geladener Kanone. Es bleibt mir weder die Zeit, zu denken noch hysterisch zu werden. Ich spüre nur noch dieses enorm starke, elektrische Feld der körperlichen Angst um mich herum, so dass mir jedes Haar am Körper zu Berge steht. Und da höre ich mich sagen, mit ganz ruhiger, cooler und gelassener Stimme: »Na dann schieß doch!«

Als nächstes höre ich ein Geräusch, einen dumpfen Schlag. Er hat seine Waffe zu Boden fallen lassen. Dann bricht er selbst zusammen. Er tut mir sofort leid, und ich wünschte, ich könnte ihm helfen, ihn retten. Ja, sogar in diesem Moment empfinde ich so.

Ich erinnere mich nicht mehr, was danach passiert ist an jenem Abend. Oder wie ich es geschafft habe, ihn schließlich vor die Tür zu setzen. Aber ich habe nach diesem Vorfall unsere Beziehung endlich wirklich beendet. Jedoch die Angst davor, was passieren kann, wenn ich mein Herz und mein Leben dem falschen Mann öffne, hat mich danach viele Jahrzehnte lang noch begleitet und belastet. Aber, ich lebe.

Dies ist ein Beispiel für Führung von oben oder von tief innen. Göttlicher Schutz ist immer für uns da, wie ein Sicherheitsnetz, jenseits von allem, was im Außen geschieht. Jedoch ist uns diese zu hundert Prozent verlässliche innere Führung in einem verkopften und häufig gestressten Alltag kaum zugänglich. Wir finden den Zugang dazu in einem durch Anordnungen von Autoritäten und viele rigide Regeln gesteuerten Leben nur schwer. In unserem Alltag agieren wir vielfach fremdbestimmt. Wir geben immer wieder das Ruder aus der Hand und vertrauen und folgen stattdessen der Einschätzung anderer. Um mit dem Leben und um mit dem, was gerade da ist, zu fließen, dazu ist eine gewisse Ruhe erforderlich. Erst dann ist es möglich, die Wahrheit hinter den Dingen zu erfassen und sich ihr hinzugeben. Und wie alle Fertigkeiten, will auch diese Art des Seins und Handelns erlernt werden.

Handeln aus dem Seins-Zustand

Das Handeln aus dem Seins-Zustand heraus lässt sich bei schlichten, handwerklichen Tätigkeiten gut üben; wenn du eine Wand streichst, beispielsweise, oder den Rasen mähst. Aber auch jede Tätigkeit oder Aufgabe, die dir widerstrebt, etwa die nächste, ungeliebte Steuererklärung, lässt sich gut dafür nutzen. Gerade solch eine Tätigkeit oder Aufgabe kannst du durchaus, anders als bisher – nämlich in Form einer spirituellen Übung – durchführen. Wie, fragst du dich jetzt vielleicht? Es ist erstaunlich einfach:

Als erstes achte darauf, wenn dir Gedanken wie: »Das schaffe ich nicht, das ist mir zu viel«, »Dazu habe ich einfach keine Lust«, oder »Ich kann das nicht, ich habe nicht genügend Erfahrung, Knowhow, Interesse oder …« durch den Kopf gehen. Solche Gedanken kennen wir alle. So tickt unser Verstand eben. Dagegen sind wir erst einmal machtlos. Aber du kannst es schaffen, solche Gedanken nicht mehr so ernstzunehmen.

Wenn du sie bemerkst, lasse dich nicht sofort davon beeindrucken. Beobachte sie stattdessen und mache trotzdem weiter, so gelassen wie es dir gelingt. Sobald du nämlich diese Tätigkeit oder Aufgabe trotzdem unbeirrt und konsequent weiterverfolgst, hören diese Gedanken irgendwann auf. Sie rollen dann meist erst beim nächsten Mal wieder los.

Dann brülle ich tatsächlich manchmal: »Stop!« Wenn ich alleine bin, sogar richtig laut. Sind andere Menschen in der Nähe, stelle ich es mir innerlich vor. »Schluss jetzt! Hör endlich auf damit, du behinderst mich«, schimpfe ich mit der Stimme im Kopf. »Ich bin es so leid, dass du mir damit dauernd Energie abziehst! Die nächste Stunde wirst du nicht gebraucht, tschüss!« Dann setze ich wieder einen Fuß vor den anderen oder, wenn ich schreibe, einen Satz an den anderen. Wenn ich male, einen Pinselstrich an den anderen. Wenn ich etwas durcharbeiten muss, lese ich einen Absatz nach dem anderen.

Ich lege mir dafür vorher eine überschaubare und erträglich kurze Zeitspanne von beispielsweise 15 Minuten fest. Ich verpflichte mich innerlich, in diesem Zeitraum ohne Pause, mit beständiger Konzentration und nach besten Vermögen und Wissen immer weiterzuarbeiten. Manchmal sind dafür 20 Minuten, je nachdem, wie groß mein innerer Widerstand ist, schon zu viel. Da stöhnt und meckert mein Ego von vorneherein: »O je, das schaffe ich nicht!« Aber für 10 oder 15 Minuten ist es immer möglich, sich so zu verpflichten. In dieser Zeit schaue hin, spüre hin: Was ist jetzt der nächste Schritt, das nächste Wort oder der nächste Griff, der zu tun ist? Und dann tue ihn.

Gehe entschlossen dabei vor und flott, ganz gleich, wie du dich gerade vorher noch gefühlt hast. Lasse für diese 10 bis 15 Minuten alles Grübeln außen vor, nur für diese 15 Minuten. Du wirst dich wundern, wie erstaunlich schnell du mit solchen Arbeitseinheiten von 15 Minuten beispielsweise deinen ganzen Keller entrümpelst; oder deinen Schreibtisch aufgeräumt und die Papiere für deine Steuererklärung zusammengesucht bekommst. Vieles wird dir schneller und leichter von der Hand gehen, als du es vorher geglaubt hattest. Das liegt daran, weil dich angespanntes Denken, Herumgrübeln, Sorgen und Zweifel nicht länger behindern und dir dein Widerstand nicht länger unnötig Energie abzieht.

Tu, was getan werden muss, und das möglichst bald, denn sonst steckt das Unerledigte wie Sand im Getriebe bei allem anderen, was du gerne machen möchtest. Selbst wenn du dich von unliebsamen Pflichten ablenkst, indem du fernsiehst, mit einer Freundin telefonierst oder etwas liest, nagt währenddessen das schlechte Gewissen im Hintergrund weiter. Das kostet Kraft.

Was steht jetzt gerade an in deinem Leben? Was gilt es aufzuräumen oder anzupacken? Das kann auch ein Gespräch sein oder eine Auseinandersetzung, die schon lange fällig ist. Gehe es an, tue, was getan werden muss. Du weißt genau, was das bei dir sein könnte. Fange an mit dem, was »oben liegt«, das heißt mit dem, was dringend ist. Das arbeitest du nun konsequent in 15-Minuten-Zeiteinheiten ab. Deinem Kurzzeitziel verpflichtet, räumst du auf, saugst Staub, liest Geschäftsberichte oder verfasst Aktenvermerke. Bei größeren und dringenden Projekten verpflichte dich nach einer kurzen Pause direkt noch einmal für weitere 15 Minuten. Und dann nach einer weiteren Pause noch einmal. Irgendwann wirst du merken, wie du »drin« bist, dass der Fluss der Tätigkeit – ja eventuell sogar der sogenannte *Flow* – dich gepackt hat. Dann ist es vielleicht nicht mehr relevant, ob du das, was du da tust, normalerweise gerne tust oder nicht. Dann geht dir die Tätigkeit plötzlich wie von selbst von der Hand. »Toll, wie sich, seit dem ich diesen Trick kenne, mein großes Haus ständig wie von alleine aufräumt«, sagte eine Freundin zu mir.

Vielleicht fällt dir schwer, das zu glauben? Probiere es bitte einmal aus. Es funktioniert!

Problemlösung schnell, einfach und effizient

In den letzten Jahrzehnten haben sich Coaching-, Mental- und auch viele spirituelle Techniken rasant weiter entwickelt. Entstanden sind erstaunlich schnell wirkende und zugleich effektive Werkzeuge.

> Die Welt bewegt sich heute so schnell, dass, wenn jemand sagt: »Das geht nicht«, er in der Regel dabei von jemanden unterbrochen wird, der gerade genau das fertigbringt.
>
> Elbert Green Hubbard,
> Schriftsteller und Philosoph, 1856–1915

Kira: »So habe ich das erlebt«

Dazu fällt mir ein Erlebnis ein, das schon etliche Jahre zurückliegt. Energetische Rückenbegradigung war damals gerade ein neuer Trend. Ich war interessiert, hatte aber wenig Lust, Hunderte von Kilometern zu reisen, um die Technik kennenzulernen oder am eigenen Leib zu erleben. So war ich erfreut von einer Heilerin zu hören, die hier in Hannover Rückenbegradigungen anbot. Seit langem hatte ich starke Verspannungen im Schultergürtel. Die rechte Schulter war deutlich angespannter und stand ständig etwas höher als die linke. Als Folge davon hing mein rechter Arm nicht mehr entspannt an der Körperseite so wie der linke. Es war mir nicht mehr möglich, die Muskeln so loszulassen, damit dieser Arm entspannt nach unten hängen konnte.

Bei der nicht gerade billigen Begradigungssitzung wurde zunächst alles Mögliche an mir bzw. an meinem Körper mit einem Zentimetermaß vermessen. Das Ausmaß einzelner Verschiebungen wurde dabei mit einem Stift am Körper markiert. Dann wurden Fotos von diesen Markierungen am Körper von vorn, hinten, rechts und links geschossen. Anschließend folgte eine intensive Analyse und Erläuterung der erfassten Körperverschiebungen vor einem großen Standspiegel.

»Was soll das?!« dachte ich währenddessen. Ich empfand diese zentimeter- und sogar millimetergenaue Vermessung und deren schriftliche Dokumentation bei einem geistig-energetischen Verfahren als unnötig aufgesetzt. Ich wollte doch bitte nur endlich wieder zwei entspannte Schultern haben und rechts einen entspannt am Körper angelehnt hängenden Arm.

Die Heilerin sprach dann auch mit mir über meine derzeitige Lebenssituation. Dabei war sie einfühlsam und sehr professionell. Sie fand intuitiv genau die richtigen und mich erstaunlich aufbauende Worte. Sie gab wichtige Hinweise und Erklärungen zu meiner damaligen Lebenssituation und den damals aktuellen Problemen. Ihre Hellsichtigkeit war beeindruckend. Ich fühlte mich gesehen und erkannt und liebevoll, positiv-konstruktiv unterstützt. Dieses Gespräch dauerte etwa dreißig Minuten. Ich habe sehr bedauert, dass es nicht aufgenommen wurde und dachte währenddessen: »Okay, alleine dafür hat sich diese teure Session heute schon gelohnt!«

Nun folgte die Rückenbegradigung. Ich musste mich dafür auf eine Liege legen. Die Heilerin wedelte schwungvoll mit ihren Armen und Händen über meinen ganzen Körper von den Füßen bis hoch zum Kopf und dann wieder zurück zu den Füßen. Das dauerte etwa fünf Sekunden. »Okay, die Begradigung ist abgeschlossen!« rief sie dann überzeugt. »Wie bitte?!« dachte ich, »Begradigung abgeschlossen?!« Ich war sprachlos. »Träume ich?! Spinnt die? Versteckte Kamera?!« schoss es mir durch den Kopf. »Steh auf!« rief sie nun fröhlich, »stell dich vor den Spiegel. Lass uns zusammen schauen, was sich getan hat und es dann auch wieder vermessen.« Ich traute meinen Ohren nicht. Völlig irritiert bin ich aufgestanden und habe mich wieder vor den Spiegel gestellt. Ich konnte keinen Unterschied zu vorher entdekken. Die linke Schulter war nach wie vor deutlich tiefer als die rechte. Der rechte Arm hing mit etwas Abstand vom Körper in der Luft, genau wie vorher. Die Heilerin war mittlerweile schon fleißig dabei, mich wieder neu zu vermessen und Unbalanciertes am Körper anzuzeichnen. Sie notierte sich alle Fakten, verglich vorher und nachher, und rief dann wie ein staunendes Kind völlig verblüfft aus: »Komisch, das hat gar nichts gebracht!«

Ich kam mir vor, wie in einem Film mit versteckter Kamera. Es war zum Brüllen komisch. Bevor ich sie vorwarnen konnte, habe ich angefangen schallend zu lachen. Es hat mich geschüttelt vor Lachen, so komisch fand ich das alles, und nun auch ihr völlig verblüfftes Gesicht. »Ist schon okay«, dachte mein Ego, »diese komische Vorstellung hatte echt Seltenheitswert, und das einführende Reading ist richtig gut gewesen. Ich werde hier jetzt kein Theater wegen des Geldes machen.«

Ich rieb mir gerade die Lachtränen aus den Augen, als die Heilerin fröhlich und begeistert rief: »Aha! Schau, jetzt ist die Information angekommen im Körper. Schau mal, wie du nun stehst!« In der Tat, jetzt hatte sich offensichtlich etwas getan. Der rechte Arm hing entspannt und lag dabei an meiner Körperseite, wie er es schon seit langem nicht mehr getan hatte.

Dieses Erlebnis hat mich danach noch eine Weile beschäftigt. Ich hatte, als ich dort auf der Liege lag, eine längere energetische oder körpertherapeutische Behandlung erwartet. Am nächsten Tag dachte ich: »Kann ja sein, dass ihre fünf Sekunden Rauf-und-runter-Wedeln tatsächlich funktioniert haben im Endeffekt, aber das kann sie doch so nicht verkaufen! Dann müsste sie doch dann wenigsten so tun, als würde sie eine Weile am Körper arbeiten.« So habe ich vor 15 Jahren gedacht.

Es war damals für meinen Verstand (noch) nicht vorstellbar, dass in wenigen Sekunden eine bereits länger bestehende Fehlstellung korrigiert werden könnte. Ein solches Glaubensmuster behindert dann natürlich eine Heilung, und es war damals für den unmittelbaren Erfolg der Begradigung nicht förderlich. Lachend, herzhaft lachend, dagegen schafft es kein Verstand weiterhin zu denken oder herumzurätseln. Wenn wir lachen, steht unser Verstand still. Das ist ein Zustand von perfektem no-mind, *wie die Buddhisten sagen, ein Zustand absoluter Gedankenlosigkeit. Deshalb ist in dem Moment, als ich schallend gelacht habe, die Energie dann glücklicherweise doch noch angekommen in meinem System.*

Heute gibt es etliche solcher verblüffend schnell wirkender Energiemethoden, wie beispielsweise die sogenannte Zwei-Punkt-Methode. Diese faszinierenden Transformationsmethoden machen durch die Anbindung an die höchste göttliche Intelligenz im Nu wunderbare Veränderungen möglich. Und es werden ständig neue entdeckt und existierende Methoden weiter verbessert. Heute habe ich manchmal, wenn ich mich einer solchen geistig-energetisch wirkenden Behandlung unterziehe, das Gefühl, der Vorgang wird mit theoretischen Erläuterungen ausgeschmückt und durch das Durchlaufen eines fest vorgeschriebenen Behandlungsrasters für unseren Verstand künstlich in die Länge gezogen.

»Was nichts kostet, ist auch nix!« war einer der Lieblingssprüche meiner Mutter. Und bei mir hat es viele Jahre gedauert, bis mein Verstand endlich kapiert hatte, dass lange, emotional oder physisch anstrengende Heilungsprozesse heute nicht mehr so nötig sind wie früher. Heute, in einer Zeit, in der sich so vieles schnell wandelt, ist das nicht mehr unbedingt notwendig.

Kira: »So habe ich es erlebt«

In den Achtzigerjahren, als die Energie- und Chakrenarbeit neu nach Deutschland kam, habe ich bei einem hawaiianischen Meister eine mehrjährige Ausbildung absolviert. Bei mir hat sich durch diese Arbeit vieles geklärt, und mein Leben hat sich dadurch deutlich zum Besseren gewandelt. Wir haben damals in der Ausbildung tagelang einzelne Chakren und Auraschichten mental mit Licht und Farben »geputzt«. Wir haben dabei visualisiert, wie wir mit Licht und Farben, aber auch mit Werkzeugen wie Schlauch, Schwamm oder Hochdruckreiniger bis in die hintersten Ecken putzen. Auch einzelne Organe haben wir so bearbeitet. Ich gebe die Methode hier stark verkürzt wieder. Sie war erstaunlich wirksam, aber es war auch eine aufwendige, mental anstrengende Arbeit.

Ungefähr zwanzig Jahre später war ich in Amerika bei einem Naturcoaching-Seminar. Am ersten Abend sagte die Seminarleiterin zu meiner Verblüffung: »Setzt euch aufrecht hin und stellt euch vor, wie von oben, über eurem Scheitel göttliches kosmisches Licht in euren ganzen Körper und in jede Zelle strömt. Im Nu durchspült es jetzt alle deine Chakren und Organe, putzt und stärkt sie und richtet sie dann auf ideale Weise neu aus.« Tatsächlich habe ich erlebt, gespürt und gesehen, wie ruckzuck, so als säße ich in einer Art Energie-Super-Turbo-Wellnesscenter, alle meine Chakren – völlig ohne mein bewusstes Zutun, völlig ohne Anstrengung oder Konzentration auf Einzelheiten! – durchgeputzt und auf eine für mich perfekt stimmige Weise ausgerichtet wurden. Im Endeffekt war alles genau so wie damals in meiner Energieausbildung vor zwanzig Jahren. Nur, jetzt ging es um ein Vielfaches schneller. Es war vor allem absolut mühelos. Es war, als würde ich mein Auto bzw. Gefährt, das ich früher selbst mit Schwamm, Schaum und Brüste gewaschen und danach mühsam per Hand auf Hochglanz poliert habe, jetzt bequem durch eine automatische Waschanlage fahren. Es war nicht mehr erforderlich, im Detail zu wissen, wann wo was mit welcher Farbe oder Intensität geputzt oder gestärkt werden sollte. Das »wusste« die kosmische Lichtkraft von alleine und war dabei insgesamt viel routinierter, treffsicherer und effektiver in der Wahl ihrer Behandlungsdetails, als ich es jemals gewesen war.

Wir müssen heute, was Energiearbeit angeht, nicht mehr so viel selbst ackern wie noch vor ein oder zwei Jahrzehnten. Und das Tempo, die Leichtigkeit und erstaunliche Unkompliziertheit solcher spiritueller Methoden werden in den nächsten Jahren noch weiter zunehmen.

Jedoch ist unser Vertrauen dabei nach wie vor erforderlich. Es muss bei den heutigen Techniken sogar noch größer sein als früher, denn wir müssen bereit sein, die eigene Kontrolle loszulassen. Erst durch das unerschütterliche Vertrauen in die höhere Führung wird die Wahl der Mittel und Methoden ständig einfacher, schneller und treffsicherer erfolgen.

Dieses Vertrauen ist eine Herausforderung. Bei solch einer inneren Arbeit vertrauensvoll zu delegieren, um Hilfe zu bitten oder sich dem »Experten« völlig vorbehaltlos anzuvertrauen, kostet viele von uns, genau wie im sonstigen Leben und Alltag auch, Überwindung. Es erfordert neben dem Zugeständnis: »Ich schaffe es nicht alleine«, dass wir uns die Zeit nehmen, zur Ruhe zu kommen. Und wir brauchen die Kraft und die Ausdauer, immer wieder die eigenen Widerstände zu entlarven. Dann spüren wir unsere Angst vor der Veränderung, auch wenn sie zum Besseren ist, und wir beginnen zu erfassen, wie wir uns viel zu oft selbst behindern. Unangenehme Gefühle melden sich und auch vermeintlich stichhaltige Gegenargumente: gute Gründe, die dir raten, lieber wieder zurückzurudern und lieber doch alles beim alten zu belassen, gehen dir dann durch den Kopf.

Mache dennoch weiter. Du wirst reich belohnt werden. Deine Träume und tiefsten Wünsche werden nur so Wirklichkeit werden. Auf diesem Weg, auf deinem Seelenweg, kannst du mit der richtigen inneren Haltung Hindernisse und alte Blockaden durchbrechen wie dünne Pappe. Du wirst neue Türen und Wege für dich entdecken, selbst an Stellen, wo du vorher dachtest, da sei eine dicke Betonwand und da ginge nun wirklich nichts.

Es ist immer noch so, als würden wir innerlich eine warnend-ermahnende Eltern-Stimme hören: »Sei ein braves Kind, bleib schön im eingezäunten, sicheren Garten, lauf da nicht hinaus.« Das ist für kleine Kinder, die noch nicht wissen wie man eine Straße überquert, durchaus angemessen. Aber jetzt sind wir erwachsen und verlassen diesen begrenzten Garten immer noch nicht. Unsere Eltern sind in vielen Fällen schon alt und vielleicht jetzt umgekehrt auf unsere Hilfe und unseren Rat angewiesen. Vielleicht erkennst du heute auch, dass manche ihrer Lebensentscheidungen, die zu sehr auf Sicherheitsdenken aufgebaut waren, sie im Endeffekt nicht glücklich gemacht haben. Etliche Menschen in unserer westlichen Gesellschaft haben durch solche Lebensentscheidungen tatsächlich eine gewisse äußere Sicherheit, wie zum Beispiel eine Absicherung für ihr Alter, gewonnen, oder auch gesellschaftliche Anerkennung oder ein gutes, sicheres Einkommen. Aber schau sie dir an: Sieht ihr Gesicht entspannt und zufrieden aus? Hör zu, worüber sie sprechen. Oft geht es fast ausschließlich nur noch um ihre Sorgen oder ihre Krankheiten.

Entscheide du dich anders. Jetzt. Wähle deinen Lebenspfad bewusst. Lasse dir dabei helfen, von oben oder aus der Tiefe der Wahrheit, aus der Tiefe des unendlichen Potentials. Dazu musst du nicht nach Asien reisen. Du brauchst auch kein Geld für teure Seminare oder Einzelberatung auszugeben. Aber du musst den Mut aufbringen, dich auf den Weg zu machen. Wenn du konsequent bleibst, wird sich eine neue Tür öffnen. Und dann wird es leicht.

Möchtest du es ausprobieren? Magst du dir mit Hilfe dieses Buches und der nächsten leeren Seite das übertragen lassen und empfangen, was du derzeit benötigst, um eine Problemsituation oder eine Herausforderung in deinem Leben besser zu bewältigen?

Herausforderungen leichter bewältigen

Gib den Auftrag, Lösungen zu entwickeln, an eine weisere Instanz ab. Lasse dich intuitiv, empfänglich und vertrauensvoll dahin führen, wo du die für dich beste Antwort oder Lösung findest. Der Vorteil eines solchen intuitiven Vorgehens ist, dass der Verstand weniger Gelegenheit hat, querzuschießen, weil dabei eingefahrene, sich im Kreis drehende Muster und Gedanken umschifft werden. Ziel ist, dein gesamtes System stabil, stark und gesund zu erhalten, Selbstheilungskräfte zu aktivieren und Störungen oder Krisen möglichst schnell zu überwinden.

Das nächste leere Blatt Nr. 8 kannst du für alle Arten von Problemen und Lebenssituationen nutzen, ganz gleich, ob du einen neuen Impuls für deine Tätigkeit als Selbständiger suchst oder eine gute Idee, wie du dein altes Haus so modernisieren und umbauen kannst, dass du und deine Lieben sich darin wohler fühlen. Themen aus jedem Lebensbereich sind hier denkbar und geeignet.

Die Lösungsidee oder -strategie, ganz gleich, um welches Thema es sich handelt, existiert heute bereits in deiner Zukunft. Dort existieren potentiell sogar viele verschiedene Lösungsvarianten. Deine Seele kennt deinen gesamten Seelenplan, deinen Lebensweg und damit natürlich auch alle für dich geeigneten Lösungen. Das kannst du nutzen, um eine gute, für dich kraftvolle Lösungsstrategie, klar, schnell und leicht zu entwickeln.

Schauen wir uns nun die praktische Umsetzung mit dem nächsten leeren Blatt Nr. 8 an.

Leeres Blatt Nr. 8: Der Punkt der Manifestation deiner Lösung

Lies bitte die folgende Anweisung (sie geht bis direkt vor das leere Blatt Nr. 8) zuerst ganz durch.

- **Wähle ein Thema** aus, eine Frage, einen Bereich, in dem du dich derzeit nicht wohlfühlst, wo du aber auch nicht so recht weiterweißt. Schreibe das Thema oben auf die Seite.
- Dann schaue dir weiter vorne im Buch an, wie **dein tatsächlich gelebter Lebenspfad derzeit** aussieht. Kopiere ihn (so gut es dir gelingt, zeichne dabei schnell und locker) und auch den Punkt, der deine derzeitige Position repräsentiert, auf das Blatt.
- Du brauchst nun einen weiteren Stift in einer zweiten Farbe. Vielleicht wählst du eine Farbe, die zu deinem Wunsch, deinem Projekt oder deiner Frage passt. In dieser zweiten Farbe wirst du nun **den Punkt der Manifestation deiner Lösung** ebenfalls auf dem Blatt einzeichnen. Dazu muss du diese Position natürlich zunächst wissen oder erkennen. Lege deshalb nun deinen Stift beiseite und die Hände wieder rechts und links neben das Blatt mit den Handflächen nach oben. Denke an den peripheren Blick und daran, durch die Augen deiner Seele auf das Bild zu schauen oder die Seele durch deine Augen blicken zu lassen. So siehst oder erspürst du dann – Achtung: Du siehst oder erspürst

es! Nicht: Du wählst es. Das ist ein Unterschied! – den Platz dieses zweiten Punktes in deinem Bild. Natürlich kannst du hier zunächst auch wieder, sofern dir das lieber ist oder leichterfällt, mit geschlossen Augen schauen oder spüren.

Der zweite, andersfarbige Punkt, der die Manifestation einer neuen Idee oder Lösung für deine Herausforderung repräsentiert, wird sich von sich aus zeigen. Er wird in den allermeisten Fällen rechts von dir (d. h. dem Punkt, der deine derzeitige Position kennzeichnet) liegen, da diese Lösung sich im Moment ja noch in der Zukunft befindet.

Das könnte beispielweise so aussehen:

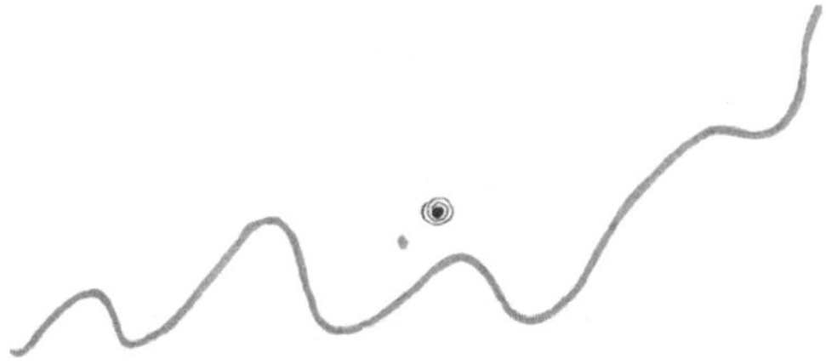

Beispiel einer Zeichnung »Der Punkt der Manifestation«

Ganz selten kommt es vor, dass der Manifestationspunkt sich zeitlich schon auf gleicher Höhe wie dein Punkt befindet. Oder sogar links von deinem Punkt. In dem Fall ist dir die Lösung oder das geeignete neue Konzept bereits über den Weg gelaufen. Du hast es jedoch vielleicht noch nicht als solches erkannt. Die Idee oder das Element, das du suchst, existiert bereits irgendwo. Du hast es bisher nur übersehen. In dem Fall frage innerlich nach. Schließe deine Augen und bitte um ein Bild dazu oder ein Wort, um irgendeine Art von Hinweis. Folge dann weiter deiner Intuition.

- Schließe nun kurz deine Augen und stelle dir vor, du siehst deine Zeichnung auf einer Art inneren Leinwand. Stelle dir weiter vor, dass der zweite Punkt, das neue Element, zu blinken beginnt, so als wolle es deine Aufmerksamkeit erregen, oder so, als wolle es dir etwas mitteilen. Spüre hin, höre hin, vielleicht kannst du ein Wort wahrnehmen oder einen Satz, ein Bild oder ein Gefühl.

  Frage dich: »**Welche neue, nutzbringende Qualität bringt dieses neue Element mit sich**?« Dann hör hin, schau hin, spüre hin. Du kannst dir vorstellen, wie der Begriff in goldener Schrift auf das Blatt geschrieben wird. Oder du siehst vielleicht eine Szene, die den Nutzen klar verdeutlicht. Oder du hörst, was deine Kunden oder Familienmitglieder sagen werden.

  Nehmen wir zur Verdeutlichung die beiden oben kurz erwähnten Beispiele. Da wären die Fragen: »Welche Emotion(en) oder Vorteile wird die Veränderung meines Konzeptes als Selbständiger bei mir und meinen Kunden bewirken?« Oder in dem anderen Beispiel: »Welches neue(n) Annehmlichkeit(en) wird der Umbau des Hauses für mich und meine Familie mit sich bringen?« Vielleicht geht es im ersten Beispiel um eine Erleichterung bei der Anwendung des Produktes und im zweiten darum, dass dann jeder seinen eigenen, persönlichen Raum hat.

Was könnte bei dir und bei deinem Vorhaben die vorrangige Qualität des neuen Elementes sein? Notiere sie. Auch wenn es nur wenige Worte sind, halte die Information schriftlich fest.

- Angenommen, **die neue Qualität** wäre »Zeitersparnis«. Dann lasse dir jetzt weiter zeigen, wie du diese, für dich so wesentliche Qualität, in deinem neuen Projekt, im Rahmen deiner Aufgabe oder Herausforderung **konkret umsetzen** könntest. Du weißt, es geht nicht darum, darüber nachzudenken, wie du diese Qualität konkret umsetzen könntest. Sondern jetzt geht es darum, dir den Lösungsweg in Form von Ahnungen, Bildern, Sätzen oder Gefühlen zeigen zu lassen; so ähnlich, wie in dem kleinen Dorf die Eltern den Namen ihres Kindes empfangen haben. Manchmal muss dazu der Vorgang eine Nacht ruhen. Weitere Hinweise zeigen sich gelegentlich im Traum oder sind ein bis zwei Tage später plötzlich von alleine präsent. Bleibe in dieser Zeit innerlich offen, leicht und locker und vertrauensvoll, aber auch konzentriert mit dem Prozess verbunden. Dabei hilft dir deine Zeichnung auf dem leeren Blatt.

Betrachten wir hier zur Verdeutlichung noch einmal das Beispiel, dass jemand eine Idee sucht, wie er das alte Haus umgestalten könnte, in dem er mit seiner Familie bereits wohnt. Er sucht eine Umbauidee, damit alle Familienmitglieder sich in diesem Haus wohlerfühlen. Angenommen, die Information, die Qualität, zu der er oder sie durch den Prozess geführt wird, wäre »ungestörter sein«.

Nun braucht er dazu mehr, detailliertere und konkretere Informationen. Er betrachtet dafür seine Zeichnung mit peripherem Blick und erdet sich. Dazu stellt er sich vor, wie er aus den Fußsohlen Wurzeln schlägt. Oder er spürt dafür einfach nur für einen Moment bewusst seinen Bodenkontakt. In entspanntem, empfänglichem Zustand und dem sicheren Vertrauen, dass immer eine Antwort kommen wird, fragt er oder sie nun: »Wie könnte der Umbau des Hauses aussehen, damit alle Mitglieder der Familie ungestörter sind?« Oder vielleicht geht es auch darum, dass er dort ungestörter wäre (beispielsweise bei einer bestimmten Tätigkeit).

Oder, wenn es bei der neuen Qualität, dem neuen Element beispielsweise darum ginge, mehr »Verbindung untereinander« zu schaffen, fragt er oder sie: »Was könnte die Familienmitglieder (oder in dem anderen Beispiel: »mich und meine Kunden«) näher zusammenbringen? Welche Veränderung würde das ermöglichen?«

Halte die Informationen, die du erhältst, schriftlich fest, auch wenn es nur wenige Worte sind.

- Finde und erspüre **deine Begeisterung für das neue Element:** Was müsste geschehen, damit dieses Element, dieses Produkt, dieser Umbau dich begeistert? Welche Qualität müsste dafür in dem neuen Konzept vorhanden sein? Schließe für einen Moment deine Augen und spüre in dein Herz. Horche und schaue innerlich auf eine leere Filmleinwand. Stelle dir vor, dort enthüllt sich, auf welche Weise auch immer, das, was du so gerne wissen möchtest. Lasse dich beschenken, lasse dich vom besten Architekten, vom besten Produktdesigner beschenken: der kosmischen, allumfassenden Weisheit.

Auch wenn es nur wenige Worte sind, halte die Informationen schriftlich fest.

Leeres Blatt Nr. 8: Der Punkt der Manifestation meiner Lösung

Natürlich will ein solch meditativ-intuitives Erfassen von neuen Informationen erlernt werden. Wie bei allen Fähigkeiten, die du dir neu aneignest, wirst du auch hier mit jedem Mal sattelfester. Zur Unterstützung des Prozesses gibt es ein weiteres leeres Fortsetzungsblatt. Du benötigst hier zusätzlich weiteres leeres Schreibpapier.

Du findest zur Starthilfe auf diesem leeren Blatt Schreibimpulse. Schreibe diese Satzanfänge ab und schreibe bei jedem Satz sofort wie in einem Fluss weiter und vollende ihn. Mache das auch dann, wenn du bei den ersten Worten (noch) nicht weißt, welche Worte sich im weiteren anschließen werden. Lass dich überraschen. Schreibe bei jedem Impulssatz solange weiter, wie es für dich fließt.

»Delegiere« dabei, lasse deine Hand führen. Stelle dir vor, sie schriebe wie von selbst. Stelle dir vor, die Worte flössen direkt aus der Quelle zu dir, aus der kosmischen Allwissenheit, mit der du durch deine Seele und deinen silbernen Seelenfaden gut verbunden bist. So fließt immer das jeweils nächste Wort aufs Papier. Und dann das nächste und das nächste.

Leeres Blatt Nr. 8 (Fortsetzung): Neue Impulse – neue Lösungen

- Die hervorragende Qualität des neuen Elementes (wie eines Umbaus, eines Produktes, eines Projektes o.ä.) besteht darin, dass …
- Was das neue Element mir und den anderen Beteiligten ermöglichen wird, ist ...
- Was mich daran so begeistert ist, dass …
- Das kann dann zum Beispiel konkret folgendermaßen aussehen: …
- Um mit der praktischen Umsetzung und Realisierung anzufangen, werde ich bis spätestens ____________ (hier ein Datum eintragen) mit Folgendem beginnen:

1.

2.

3.

Führe drei mögliche Handlungen auf und beginne mit mindestens einer davon bis zum eingetragenen Datum.

Durch die in diesem SOULPATH-Prozess gewonnene Klarheit ziehst du das Element, die neue Idee oder die Lösung deiner Herausforderung zeitlich näher zu dir heran. Du kannst zusätzlich auch visualisieren, wie in deiner Zeichnung der zweite Punkt allmählich näher zu dem Punkt rückt, der dich bzw. deine Position im Bild repräsentiert.

Resümee: Wie geht es nun weiter?

> Versprich mir, dich immer zu erinnern: Du bist tapferer als du glaubst, stärker als du scheinst und klüger als du denkst.
>
> Alan A. Milne, Schöpfer von »Pu der Bär« und »Tiger«

Die wahre Kraft dieses Buches erfährst du, wenn du es mit Hilfe der leeren Seiten zu deinem eigenen, persönlichen Instrument machst. Wenn du diese Seite liest, hast du die Kraft der SOULPATH-Techniken bereits erlebt. Du hast erfahren, dass du deiner Intuition, deinem Herzen und deiner Seele vertrauen und folgen kannst.

Ich wünsche dir von Herzen, dass du einen Geschmack davon bekommen hast, welche Kraft und Weisheit dir, ohne Unterstützung eines externen Coaches oder Experten, alleine aus dir heraus zugänglich ist. Die Frage ist nun, wie geht es von hier aus weiter? Wie gehst du von hier aus weiter? Du kannst das Buch nach einer Weile noch einmal lesen und einzelne SOULPATH-Prozesse bei Bedarf, beispielsweise, wenn eine neue Herausforderung auftritt, wiederholen. Das Wichtigste ist jedoch, dass du immer öfter spürst oder erahnst, wohin dein Seelenpfad dich führen möchte.

Antworten auf alle deine Fragen kannst du in dir selbst finden. Fasse dir ein Herz und mache dich auf den Weg. Habe den Mut und werde immer mehr zu dem oder zu der, der oder die du von Natur aus bist.

> Die wesentliche Voraussetzung für Glück ist die Bereitschaft, der zu sein, der man ist.
>
> Erasmus von Rotterdam

Nimm deinen wahren Platz ein, in deinem Leben und in dieser Welt. Unsere Welt braucht dringend Menschen, die sich mit all ihrer Kraft und Schönheit zeigen, mit all ihrem Licht und Potential, mit all ihren Träumen und Visionen. Sie braucht Menschen, die den Mut haben, ihren Träumen zu folgen. Denn Menschen, die das wagen, werden dadurch wiederum anderen ein Vorbild sein. Sie werden andere mit ihrem Träumen anstecken und ihnen neue Hoffnung geben.

Bitte denke auch dann an das, was du für dich mit Hilfe dieses Buch erkannt hast, wenn es um die Erziehung deiner Kinder geht oder wenn du im Berufsleben andere Menschen führst. Erinnere dich daran, wenn dir im Alltag zwischenzeitlich die Sinnhaftigkeit verlorengeht.

Es ist möglich, dass dich die Gewohnheit des Altvertrauten schneller wieder einholt, als es dir lieb ist. Das haben wohl die meisten von uns schon erlebt: Wir fühlten uns inspiriert und motiviert nach einem Seminar, nachdem wir einen anregenden Film gesehen oder ein gutes Buch gelesen hatten. Wir haben frische Ideen im Kopf, neue Hoffnung geschöpft und die besten Vorsätze gefasst. Aber leider haben wir das alles dann doch wieder im Getümmel der Alltagspflichten aus den Augen verloren.

Dein Seelenpfad wird dir, wenn du ihn einmal erkannt oder auch nur erahnt hast, keine Ruhe mehr lassen. Glücklicherweise! Ob du es nun bewusst angehst oder ob die Zufälle des Lebens dich dort hintragen, das Thema: »Wo verläuft mein wahrer Lebensweg?« wird dir gegenwärtig bleiben.

Du kannst das letzte leere Blatt Nr. 9 dazu benutzen, um das, was für dich hier die Quintessenz war, in deiner Zukunft zu verankern.

Leeres Blatt Nr. 9: Meine Quintessenz

- Schaue dir noch einmal deine beiden ersten Zeichnungen an, deinen derzeitigen Lebenspfad (auf dem leeren Blatt Nr. 1), so, wie du ihn derzeit tatsächlich gehst und lebst, und den dazu gehörenden Seelenpfad (auf dem leeren Blatt Nr. 2).

  Kopiere beide zusammen (so ähnlich wie in der Abbildung auf Seite 43) auf das Blatt.
- Schließe für einen Moment die Augen und atme ein paar Mal bewusst tief ein und aus. Sofern du magst,

höre dabei ein meditatives Musikstück (ohne Gesang oder Text).

Dann stelle dir innerlich die folgenden Fragen:

- Was waren für mich die wichtigsten Erkenntnisse?
- Was ist für mich die Quintessenz, die ich mit in meine Zukunft nehmen und dort verankern möchte?
- Welche meiner Seelenqualitäten möchte ich ab jetzt in meinem Leben aktivieren, nutzen und genießen?

Es ist möglich, dass du innerlich siehst, wie du in Zukunft anders als bisher durch den Alltag gehst, wie du vielleicht deinen Tag schon anders als bisher beginnst. Es kann das innere Bild einer Tätigkeit sein, einer neuen Partnerschaft oder eines veränderten Wohnumfeldes. Und vielleicht spürst du dabei die Unterstützung deiner Seelenkraft im Rücken. Oder es ist bei dir noch etwas anderes, was du siehst oder hörst oder spürst.

• Stelle dir vor, du schaust durch die Augen deiner Seele und hörst mit den Ohren deiner Seele. Oder stelle dir vor, sie schaue und höre durch deine Augen und Ohren, sie spüre mit Hilfe deines Körpersystems. Wie würde sie dann diese Quintessenz, diese Essenz in ein Symbol, in ein Wort oder in einen Satz oder in ein Gefühl fassen?

Wenn du in der Lage wärest, das wahrzunehmen, was würdest du jetzt sehen, hören oder fühlen?

Dann bitte deine Seele, dir zu zeigen, wo in deiner Zeichnung die beste Stelle ist, um dort das Symbol, den Satz oder das Gefühl (in Form eines Symbols oder Wortes) zu plazieren. Lasse dich führen und dir zeigen, wo du was hinschreiben oder hinzeichnen solltest, um deine Quintessenz für dich in der Zukunft zu verankern.

Vertraue und lasse dich überraschen. Atme bewusst noch einmal tief ein und aus und dann bewege den Stift übers Blatt. Lasse, wie du es ja schon kennst, deine Hand wie von alleine den Stift über das Papier führen.

Du kannst stolz auf dich sein.

Bleibe weiterhin mit sanfter Ausdauer, mit Geduld und auch mit Nachsicht für die Tage, wo anderes wichtiger ist, am Ball.

Leeres Blatt Nr. 9: Meine Quintessenz

Über die Autorin

Kira Klenke hat Mathematik studiert und war 24 Jahre lang Professorin für Statistik an der Hochschule Hannover. Sie wurde dafür bekannt, dass bei ihr auch Menschen mit Angst vor allem Mathematischen, leicht und erfolgreich lernen konnten. Ihr erstes Buch, ein Studenten-Coaching-Ratgeber, wurde Amazon-Bestseller und war bereits wenige Wochen nach der Erstauflage vergriffen.

Kira Klenke ist zertifizierte NLP-Lehrtrainerin und befasst sich seit 1984 mit Kreativem Schreiben und Energiearbeit.

»Wenn ich mein Leben betrachte, sehe ich heute, wie sich viele, recht unterschiedliche Stränge zu einem einzigen starken, bunten Seil verflochten haben. Was ich studiert, gelernt und am eigenen Leib erfahren habe, hat mich auf meine gegenwärtige Berufung vorbereitet.«

Es ist Kira Klenke ein Herzensanliegen, Menschen dabei zu unterstützen, glücklich und erfolgreich und vor allem authentisch und sinnerfüllt zu leben. In ihrer Arbeit verbindet sie Methoden der Persönlichkeitsentwicklung und Spiritualität.

»Schon als kleines Mädchen hatte ich eine Ahnung von meinem Seelenruf. Meine Eltern konnten nicht erfassen, wovon ich sprach, als ich versuchte, von ihnen mehr darüber zu erfahren. So wurde mir in der Familie und in der Schule ein anderes Weltbild eingetrichtert. Als Folge davon fühlte ich mich viele Jahre unsicher, unglücklich und unerfüllt. Mit Mitte Zwanzig fand ich per Zu-Fall auf den für mich stimmigen Pfad zurück. Ich begab mich auf die Suche nach meiner Berufung, die darin besteht, anderen zu zeigen, wie sie im Einklang von Persönlichkeit und Seelenruf glücklich, erfüllt und erfolgreich wirken und leben können.«

Deine Rückmeldung

Lasse mich wissen, wie es dir mit dem Buch und den SOULPATH-Techniken ergangen ist. Auch Fragen zur Anwendung beantworte ich gerne. Ich beantworte jede Mail persönlich, wenn es auch manchmal ein bisschen dauern kann.

Du erreichst mich unter Kira.Klenke@googlemail.com.

Wenn dir das Buch gefallen hat und du beitragen möchtest, dass es noch mehr Menschen erreicht, dann schreibe bitte eine Rezension bei Amazon oder auf der Verlagsseite unter shop.neueerde.de/Klenke-Kira oder gerne auch an anderer Stelle. Vielen Dank.

Herzliche Grüße
Kira Klenke

Glossar

Medizinwanderung Der Begriff stammt aus der indianischen Tradition und gehört zu den Techniken der Visionssuche. Man geht mit der Absicht, ein bestimmtes Thema zu durchleuchten, empfänglich und meditativ hinaus in die freie Natur. Was man dort erlebt, sieht, hört oder fühlt, wird als Spiegel der derzeitigen Lebenssituation bzw. der untersuchten Thematik gedeutet und genutzt. So wird die Natur, die im indianischen Weltbild ebenso beseelt ist wie wir Menschen, zum Ratgeber. Auf einer Medizinwanderung erhält man Hinweise, wie das, was blockiert, verheddert oder schmerzhaft ist, gelöst, geheilt oder harmonisiert werden kann.

Meister Ein Meister ist jemand, der es in einem Bereich oder mit einer Fähigkeit zur Meisterschaft gebracht hat. Und ein Meister ist jemand, der qualifiziert ist, in diesem Bereich auch andere auszubilden, etwa ein Malermeister. Die Aufgabe eines spirituellen Meisters ist es, die spirituelle Entwicklung von Menschen anzustoßen und zu fördern.

Seele Der Begriff der »Seele« ist uns allen vertraut, und doch ist es schwer, ihn präzise zu definieren oder zu erklären. Das liegt nicht zuletzt daran, dass der Begriff in verschiedenen Kulturen und in unterschiedlichen religiösen, philosophischen oder psychologischen Traditionen verschieden definiert wird.

Im diesem Buch gehen wir davon aus, dass die Seele über die irdische Existenz hinausgeht. Sie bildet die Brücke und Verbindung von unserem normalen Alltagsbewusstsein zum »Spirit«, der einen Quelle hinter allem, der Quelle allen Seins. Über die Intuition und in Meditation ist es möglich, mit unserer Seelenweisheit und unserem Seelenlicht in Kontakt zu gehen.

Anselm Grün und Wunibald Müller schreiben im Buch »Was ist die Seele? Mein Geheimnis – meine Stärke« (Kösel-Verlag; 3. Aufl. 2008): »In allen Menschen wirkt eine geheimnisvolle Macht. Das Wort ›Seele‹ umschreibt diesen Kern unserer Persönlichkeit.« »Die Seele verweist uns (...) auf den inneren Raum, in dem der Mensch mit seinem wahren Selbst in Berührung kommt, in dem er etwas vom ursprünglichen Glanz seines Menschseins ahnt.« »Berührt von der Seele, werden wir zu Persönlichkeiten, die dem Leben standhalten, weil wir zwischen Himmel und Erde geborgen sind.«

Spirit Das englische Wort stammt ursprünglich aus dem Lateinischen. Da bedeutet es »Atem« oder »Hauch«. Das Wort »Spirit« wird je nach inhaltlichem Zusammenhang unterschiedlich definiert. In diesem Buch wird Spirit wie im Schamanismus ausgelegt als die unsichtbare Schöpferintelligenz, die in jeder Pflanze, in jedem Tier, jedem Stein, jedem Menschen, kurz, in allem wohnt. Es ist der Große Geist, aus dem alles entsteht und durch den alles miteinander verbunden ist. Der Spirit ist somit überpersönlich, formlos, und hat im Gegensatz zur Seele keine individuelle Qualität. Er ist universell und allumfassend.

Visionssuche Eine Visionssuche hilft Menschen, innere Klarheit und ihre persönliche Wahrheit zu finden, ein tieferes Verständnis ihrer Lebensaufgabe zu bekommen oder Hinweise, um Lebensübergänge bewusst anzugehen und zu gestalten. Dafür verbringt derjenige mehrere Tage und Nächte allein draußen in möglichst unberührter Natur. Die Zeit wird im Gebet oder einem meditativen Zustand verbracht, um das eigene Leben und bevorstehende Herausforderungen zu reflektieren.

Es gibt immer eine Lösung!

Diese einzigartige Methode ist weit mehr als ein Orakel: Es werden Steine geworfen, um eine Situation zu spiegeln und für uns zu klären. Dabei steht jeder Stein für einen »Akteur«, das kann ein Mensch oder eine Gegebenheit sein. Das Faszinierende nun: Wenn wir die Steine verschieben und neu anordnen, bis sie sich stimmig anfühlen, dann folgt bei entsprechender innerer Ausrichtung auf kurz oder lang die Lösung der uns belastenden Situation, sie wird harmonisch und wohltuend für alle Beteiligten.

Kira Klenke
Das Sedona-Stein-Orakel
Die Lösung ist nur einen Steinwurf entfernt
Klappenbroschur, 112 Seiten,
mit vielen farbigen Abbildungen
ISBN 978-3-89060-668-2

Nach dem Reinigen kommt das Aufladen

Wir alle sind im täglichen Leben Ärger, Frustration und Vereinnahmung ausgesetzt, und nur zu leicht schleppen wir diese negativen Gefühle mit uns herum. Haben wir gelernt, uns energetisch zu reinigen, so können wir uns davon wieder befreien, doch damit darf es nicht aufhören: Wir müssen unseren Schutzmantel anschließend auch wieder stärken!

Andrea Moutty
Klar und wach
Die energetische Reinigung und Aufladung
Paperback, 112 Seiten
ISBN 978-3-89060-691-0

Der Kurs heißt: Leben!

Lebenshilfe-Ratgeber gibt es viele, doch fertige Rezepte nützen nichts, denn jeder Mensch ist anders – und dieses Buch ist auch anders: Es lädt ein, uns selbst besser kennenzulernen. Nur so gewinnen wir Verständnis für unseren ureigenen Lebensweg, finden wir aus unseren Verstrickungen heraus und hinein in ein eigenverantwortliches, sinnerfülltes Leben.

Rolf Mayer
Auf Kurs ins Leben
Wie Veränderung gelingt
Das Übungsbuch für Selbstwert, Authentizität und wahres Sein
Broschur, 256 Seiten, Format
ISBN 978-3-89060-682-8

Rüstzeug für den Lebenswandel

Wer hat sich nicht schon einmal ein vollkommen neues Leben gewünscht? Oft erscheint es zu schwierig, zu kompliziert, nicht realisierbar… »Das schaffe ich nie«, sagt man sich. »Ich habe nicht genug Geld, Zeit, Fähigkeiten, Ideen…« Wer diese Gedanken kennt, dem wird dieses Buch helfen. Es spricht Herz und Verstand, Vernunft und Gefühle an. Es vermittelt Werkzeuge, mit denen jede(r) endlich das Leben führen kann, das er (oder sie) wirklich will.

Lucia Giovannini
Ein vollkommen neues Leben
Träume in erreichbare Ziele verwandeln
Paperback, 320 Seiten
ISBN 978-3-89060-694-1

NEUE ERDE im Buchhandel

Neue Erde ist ein kleiner unabhängiger Verlag, und der unabhängige Buchhandel ist unser natürlicher Partner. Wir unterstützen die Initiative »buy local«.

Sollte es Lieferschwierigkeiten bei den Büchern von NEUE ERDE geben, lassen Sie immer im VLB (Verzeichnis lieferbarer Bücher) nachsehen, im Internet unter **www.buchhandel.de**

Alle lieferbaren Titel des Verlags sind für den Buchhandel verfügbar.

Auch mobil können Sie, zum Beispiel mit der App von LChoice, unsere Bücher beim örtlichen Buchhändler kaufen.

Sie finden unsere Bücher auch auf unserer Homepage **www.neue-erde.de** oder in unserem Gesamtverzeichnis, welches Sie gerne hier anfordern können:

NEUE ERDE GmbH
Cecilienstr. 29 · 66111 Saarbrücken
info@neue-erde.de

NEUE ERDE